儿童网球教与学

蔡新民　编著

 中国海洋大学出版社
CHINA OCEAN UNIVERSITY PRESS

·青岛·

图书在版编目（CIP）数据

儿童网球教与学 / 蔡新民编著 . -- 青岛：中国海
洋大学出版社，2020. 11（2025.1 重印 ）
　　ISBN 978-7-5670-2646-9

Ⅰ . ①儿… Ⅱ . ①蔡… Ⅲ . ①儿童－网球运动－运动
训练 Ⅳ . ① G845. 2

中国版本图书馆 CIP 数据核字（2020）第 226436 号

出版发行	中国海洋大学出版社		
社　　址	青岛市香港东路 23 号	邮政编码	266071
出 版 人	杨立敏		
网　　址	http://pub.ouc.edu.cn		
电子邮箱	184385208@qq.com		
责任编辑	付绍瑜	电　　话	0532 - 85902533
印　　制	日照日报印务中心		
版　　次	2020 年 12 月第 1 版		
印　　次	2025 年 1 月第 4 次印刷		
成品尺寸	185 mm ×260 mm		
印　　张	10. 125		
字　　数	169 千		
印　　数	2 601 ～ 3 600		
定　　价	38. 00 元		

前　言

本书最大的特点是没有对网球教学的技战术理论进行长篇大论,而是通过介绍最基本的网球击球原理,采用具体的训练方法和组织形式来呈现儿童网球教学内容(网球的基本技术、战术、体能训练和心理训练),让儿童在轻松愉悦的氛围中体验到运动的快乐,学会打网球并充满自信。本书的重点是怎样教授儿童进行网球对打。在开始阶段,教练有必要理解打网球的意义是什么,运动的含义是什么,什么事情能够使儿童感兴趣。如果没有理解这些,很难让儿童继续从事网球或其他运动,更不用说终身运动。

你曾经在黑暗中或者匆匆忙忙的时候系错过衣服纽扣吗?你最后是不是剩下一颗纽扣?是哪一颗纽扣出现问题导致现在的结果?是最后一颗纽扣吗?不,是前面某一颗纽扣系错,然后你就步步错下去,继续做你觉得再正常不过的事情。儿童网球训练就像我们系衣服的纽扣,如果你从开始就错了,那么到最后都会是错的。因此,在网球训练的最初阶段,如果你错失很多关键的训练要素,并且继续这样子做下去,直到最后才会发现不是自己想要的结果。为此,在训练的最初阶段,教练要做出正确的决定。儿童想要什么?为什么他们开始学习网球?为什么有的人中途退出了?在课程开始之前,教练便要理解这些问题和找到这些问题的答案。

下面是我们应该知道的有关儿童运动训练的统计数据。第一项数据是,70%的儿童在他们 13 岁的时候放弃了所从事的运动项目。网球运动也是如此。开始的时候即使有数百名孩子从事网球运动,但是 70%的孩子在 13 岁左右的时候就会放弃网球运动。第二项数据是,80%的儿童(即使是 6 周岁)能精准记住教练和他们说的 80%的话。然而,教练只精准记得 20%和儿童讲的话。华盛顿大学心理学博士 Frank Smoll和 Ronald Smith 有一篇关于儿童为什么放弃运动的研究。研究表明,教练员在大多数时间里都没有意识到他对儿童说了什么以及所讲内容对于儿童的影响。第三项数据是,90％的儿童宁愿在一个失败的球队里参加比赛,也不愿意在胜利的球队里坐在替补席。儿童想要运动,想要比赛,他们愿意参与其中。如果为了取得比赛的胜利,让运动能力相对较弱的儿童不参与比赛,这是完全错误的。这经常是成人为了取得比赛胜利而采用的方式,如果强加于儿童,会影响他们从事运动的初衷。教练应该提供更多的机会让儿童参与运动,这样他们的运动表现会更好。如果他们总是站在底线等待、观看和听讲,而不是移动、奔跑和练习,他们学习的机会就会很少。经历是最好的老师,要让他们经历网球的各个方面,创造更多的机会让他们运动。

网球是一项开放性的运动,面对不同的环境有很多不同的决定需要去做。这很像开车,驾驶员不仅需要具备向左向右打方向盘的技能,更重要的是知道什么时候减速、加速或者等待。你的球员可能有很好的击球技术,但缺少灵活多样的击球方式或选择。他们可能移动得很快,但总是距离击球点太近。他们拥有很好的截击技术,但总是选择错误的时间来到网前。在儿童发展的任何阶段,指导他们如何思考都是很重要的。

教练对儿童一生的影响是非常深远的。教练可以让儿童爱上网球、爱上运动,可以让儿童有一个不一样的人生。如果网球是有趣的,儿童便会继续从事这项运动。如果保持运动,他们可以沿着这个方向继续学习更多的东西。他们学的东西越多,表现得就会越好!

蔡新民

2020 年 7 月 29 日

目　录

理论篇

儿童网球教学的基本理论

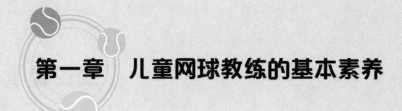

第一章 儿童网球教练的基本素养

在从事儿童网球教练工作之初，你或许觉得非常困难。如何与孩子相处？如何才能更好地提高儿童网球训练的效率呢？下面分别进行探讨。

一、儿童网球教练的责任

教练不仅仅是教授网球技术这么简单，当父母将他们的孩子交到你手里时，你身上承担着巨大的责任来做好这项具有挑战性的工作。儿童网球教练要做到以下几点。

1. 提供一个安全的训练环境

网球训练客观上存在着一定的风险。作为教练，你有责任检查训练场地和训练器材来避免儿童受到伤害。让儿童在你的团队里学会安全技能，同时教练要有应急救治方案，确保每一名儿童在你的团队里是安全的，这一点非常重要。

2. 通过积极的方式来进行沟通和交流

教练不仅要和儿童进行多方面的交流，还要跟他们的父母，还有场地的管理人员和教练团队中的每一名成员进行交流。通过用积极的方式进行交流，可以显示我们的坦诚和真心，让他人感受到彼此的信任和善良。

3. 教授给儿童最基本的网球技能

教练在教授基本网球技能时，一定记住网球运动是一项游戏，一定要确保儿童打网球的兴趣。为此，可以通过创造有趣和高效的练习环境，来帮助每一名儿童达到他所能达到的最好竞技水平。

4. 教授网球规则

网球的基本规则，最好在训练过程中来教授。譬如，抢七、换边、发球、接发球、擦网球。希望教练在训练和比赛过程中将这些基本规则不厌其烦地讲给儿童。时间久了,他们自然而然就明白了。

5. 指导儿童参加比赛

包括如何制订合适的比赛计划来对抗对手。对于儿童比赛来讲,教练一定要记住,比赛的最终目的不仅仅是赢得对手或奖金,更重要的是确保儿童在比赛中的安全、发挥出儿童想要的水平、提高儿童的网球技术和在规则允许的范围之内争取赢得比赛。

6. 帮助儿童树立终身健身意识

帮助儿童拥有健康的身体,是进行比赛和成功的前提。他们应该学会如何使自己变得强壮,理解健身的价值,并且喜欢训练。当然,不能用俯卧撑或者跑圈来惩罚他们的错误,要通过兴趣来引导他们利用网球来健身。只要儿童能感受到网球带来的巨大兴趣,他们就会爱上运动。

7. 帮助儿童发展品质

好的品质包括热爱学习、关心他人、诚实守信、尊重他人和有责任感等。儿童网球教练除了要教授网球技术,还应该教给他们这些品格。在训练和比赛过程中,一定要鼓励和表扬这些好的品质。例如,在双打比赛中,如果同伴出现失误,队友要鼓励他,而不是责怪他。比赛结束后,不管输赢,要主动和对方运动员握手致意等。

以上内容就是儿童网球教练的基本责任。记住,每一个孩子都是一个完整的个体,每个孩子都应该有充足的机会去学习如何打球,同时让儿童对网球产生兴趣,并一直享受网球运动。

二、儿童网球教练的基本能力

哨子、网球服装、一筐球、网球鞋等物品是训练的物质条件,是进行训练的前提。但是,如果想取得成功,你还需要至少五个方面的能力。这些能力需要儿童网球教练不断进行自我总结和努力工作才能具备。这五个能力包括对网球运动的理解能力、对儿童训练充满愿景、对儿童网球训练有丰富的情感、具有积极向上的良好品质和通过幽默的方式进行儿童网球教学。

(一)对网球运动的理解能力

儿童网球教练要理解网球运动的基本规则和打球需要的基本技术。可以通过以下方式来提高对网球运动的理解能力。

① 多学习一些网球规则的知识。

② 多了解一些网球的基本技术。

③ 多读一些网球训练方面的书籍。

④ 多和一些儿童网球组织进行交流。

⑤ 多参加一些儿童网球主题研讨会。

⑥ 多和有经验的教练交流。

⑦ 多通过多媒体观看网球比赛。

此外，教练要有合理的训练方式，并采取有效的安全措施，降低儿童在网球训练中受伤的风险。运动中，受伤或多或少会发生，这是在所难免的，但教练要迅速对儿童的受伤做出恰当的处理。

（二）对儿童训练充满愿景

作为儿童网球教练，你的追求或者目标是什么？最正确的回答就是让儿童保持对运动的兴趣，帮助儿童提高他们的身体健康水平，保持良好的精神状态，提高社会生存技能，还有争取赢得比赛。

尽力赢得比赛在体育比赛中是非常重要的。但是儿童健康和积极参与更加重要。所以在开始训练的时候，儿童网球教练要先确定下自己的优先目标和选项。

① 制定自己半年或一年的训练重点。

② 准备好去挑战设置的目标。

③ 给自己和球员设置目标，且目标一致。

④ 计划如何才能使自己的球员尽最大努力达到自己的目标。

⑤ 经常回顾设置的目标，以期确保自己在正确的路上。

（三）对儿童网球训练有丰富的情感

在教授儿童网球时，教练需要保持训练的热情，与他们分享你的网球知识，还需要有耐心，让儿童在运动中得到成长。你可以在很多方面表现出自己对网球的热爱和耐心。

① 尽最大努力去了解每一名跟随你打球的儿童。

② 将每一名儿童作为单独个体来对待。

③ 和儿童一起学习新的和复杂的网球技术。

④ 控制你的情绪。

⑤ 展示自己对于网球训练的热情。

⑥ 与儿童交流要保持积极的态度。

（四）具有积极向上的良好品质

当决定教授儿童网球的时候，你一定要相信参与运动是非常重要的。但是，如何发展儿童积极向上的品质取决于教练在网球教学中是怎么做的。换句话说，你想塑造什么性格的儿童球员，就看你这个教练是如何做的。

拥有一个好的品质指的是在运动中和生活中拥有良好的个人行为。说得再好而不去做是没有意义的，说和做必须一致，说到做到。教练一定要做儿童的良好榜样。每个教练都要做好以下几点，来起到示范作用。

① 判断自己的优缺点。

② 巩固自己的优点。

③ 设置目标提高自己的不足之处。

④ 如果出错了，向你的球员道歉，下次会做得更好。

（五）通过幽默的方式进行儿童网球教学

幽默常常是一项被忽视的教学技能。这里幽默指的是在训练和比赛中让你的球员保持愉快的心情。没有什么能像幽默一样来平衡长期的网球技战术训练。下面是一些如何在训练中注入幽默的方法。

① 通过多样性的训练来提高练习的兴趣。

② 确保所有运动员都参与到训练中来。

③ 把运动员的笑作为享受运动的标志，而非用纪律来约束他们。

三、做一名交流和沟通的高手

在上一部分介绍了作为教练的基本能力，这些都是高效教练的基本技能。没有这些，教授儿童网球会很难起步。与此同时，教授儿童网球还需要良好的交流和沟通。接下来重点讲一下交流技能，如何使自己成为沟通高手。

很多教练错误地认为，沟通只发生在教授儿童学习网球技能的时候。其实这些言语的交流只是交流过程中很少的一部分，很大部分交流都是非言语形式的。所以当你作为儿童网球教练的时候，肢体的声音应该大于你的语言。

交流的最简单方式就是两个人之间，一个是信息传递者，一个是信息接收者。信息传递者通过语言信息或肢体信息进行信息的传递。一旦信息送达，如果信息接收者没有集中注意力，传递的信息就会部分甚至整体丢失了。

（一）传递有效信息

儿童经常很少有能力去理解网球的规则和基本技术,甚至没有信心和能力去打网球。这个时候,他们更需要精确的、可理解的和可操作的信息。这就是为什么你的言语信息和肢体语言同样重要。

1. 言语信息

言语信息对所有人都会有很深刻和很长远的影响。教练的话对孩子来讲影响更加深远,因为他们非常愿意听教练的话。一个人可能很难回忆起自己的中学语文老师和他讲的话,但是可以很清晰地回忆起在这个时期,他的教练对他说了什么。这就是教练对学员持续的影响力。

不管你是纠正错误行为,还是教授儿童如何发球,或表扬他们的努力,当你要通过语言讲授的时候,应该考虑以下几个方面。

（1）用积极和诚实的言语信息

人们都不喜欢长久的抱怨,儿童更是如此。他们更应该被鼓励,因为他们总是怀疑自己参加网球运动的能力。所以,要发现他们的优点,并告诉他们做得很棒。但是在训练中不要用积极和乐观的言语来掩盖他们的不足或错误。当儿童出错的时候,就需要得到改进。如果你没有指出他们的错误,你的球员会觉得你是个骗子。一个有效的纠正错误表现的方式就是坦诚地指出他们的错误,然后用一个积极的方式去解释球员产生的错误并展示正确的做法。最后,鼓励和强调他们的正确表现。

确保每次积极反馈之后不要跟着"但是"这个词。例如,你说:"小明,你的位置感很棒。但是你的挥拍速度太慢。如果你的挥拍速度再快一点,你就能将球打得更好。"这样讲可能让孩子忽视他做得好的地方,而把注意力集中到技战术不到位的方面上。相反,应该说:"小明你有很好的准备步法,如果再加上快速挥拍,你的球会打得更好。照这样子去做!"

（2）讲述清晰和简单

积极的和诚实的信息非常好,前提是你要使用球员能够理解的词语。如果你在长篇大论,滔滔不绝,你的球员可能错失重点信息或者对网球失去兴趣。以下几点会帮助你讲述事情表达得更加清晰。

① 向你的球员讲话之前,将自己的观点组织清晰。

② 明确要讲授的目标。

③ 讲事情要彻底讲解清晰,但不要长篇大论。

④ 使用儿童能够听懂的语言。

（3）声音洪亮且再重复一遍

讲话的时候要确保每一名儿童都可以听到你的声音。干脆利落的声音能够引起注意和尊重。组织无序和不清晰的声音不会引起儿童的兴趣和关注。如果是对某一名儿童进行单独指导，说话要相对随和一点。但大多数情况下，你的信息要传达到全体儿童，确保他们能够清晰地听到。有激情的声音能够表明你愿意做他们的教练，激发球员的动力。

有时候即使教练声音洪亮且语言清晰，也不能在第一时间让儿童明白你所表达的观点，这就是事实。为了避免无序的重复，让信息有效传达给儿童，可以换一种他们能够理解的用语。例如，你可能在开始时告诉儿童，正手随挥。如果他们不明白，那就换个表达方式：你击球后，让球拍向你另一侧的肩膀后面挥动。这样可能球员就会更好理解一些。

（4）讲话前后一致

为了避免信息混乱，一定要保持前后用语的一致性。更不要这次说了一件事情，下次就自己否定了。这样，球员就不知所措了。

教练一定要确保动作术语的前后一致。有很多不同的网球术语描述一样的动作。以侧旋发球为例，有的教练用旋转发球代表侧旋发球，另一些教练使用切削发球代表侧旋发球。其实都是对的。如果不同术语交叉使用，可能会导致儿童对动作概念不清。所以教练确定好使用术语后，就不要再用其他术语来表达同一个动作。

2. 非言语的信息

与保持动作术语的一致同样道理，教练在教授儿童网球的过程中，言语信息和非言语信息也要表达一致。一个很典型的例子：当你摇头以示不满意的时候，却告诉球员这是一个很好的尝试。那么儿童到底要相信哪一个？

有很多方式可以传递非言语的信息。面部表情和肢体语言是两种常用的非言语信息。这些在你训练的时候非常有用。

（1）面部表情

人们脸上的表情可以反映出一个人的所思所想。儿童能够通过你的面部表情来获得接下来你要讲授的内容，甚至比你的言语信息都有效果。因为儿童能够通过你的面部表情知道你的内心活动。不要试图用假的表情来表明你高兴或生气。如果是那样，你很快就会失去儿童的信任。

更严重的是，如果你在训练过程中面无表情，你的球员会不知道他们自己表现得怎么样，他们会觉得你不开心或者对训练没有兴趣。洋溢在教练脸上的笑容会给初级运动员增加信心和动力。同样,笑容会让儿童知道你愿意跟他们一起训练。但不要笑得过度,这样你的球员会觉得你不真诚。

（2）肢体言语

如果你无精打采、摇头晃脑地训练儿童,他们会怎么想？他们会觉得你很累、烦躁或不开心。作为教练当然不希望儿童像我们这个样子。所以教练应该以积极的心态、自信和有礼貌的行为方式起表率作用。

肢体的接触是很重要的肢体语言。两个人击掌、拍一下球员的肩膀或者一个拥抱都会表明你对儿童的认可、关心和爱护。儿童更需要这种无声的肢体语言。当然对于年龄大一点的儿童,成年教练要注意分寸。

（二）提高教练自身接收信息的能力

下面来介绍另一个重要的交流技能,接收信息的能力。很多传递信息能力很棒的教练不一定是接收信息能力很好的教练。作为一名儿童网球教练,应该是很好的信息传递者,也应该是很棒的信息接收者。

比起听别人讲,大部分人更喜欢自己去说。正因为如此,接收信息的能力没有传递信息的能力发展得好。其实,接受信息的能力很简单。如果你学会了关键的接收信息的能力,并尽最大努力在训练中使用它,你就会惊奇地发现你过去失去了什么。

1. 多加注意

首先,你必须引起足够的重视,你要认真听别人跟你讲了什么。当你忙着训练的时候,很多事情分散你的注意力,能听清楚别人在说什么是很不容易的。但是在单独谈话或集体会议上,你一定要将注意力放到他们的言语和肢体语言上。你会觉得很惊讶,不仅仅是因为你听清楚了你的队员在说什么,更重要的是你能注意到儿童的情感和身体状态。除此之外,你还能了解球员对你和整个团队的感情。

2. 用心聆听

接收别人传递的信息,或许比我们做什么更重要。因为这表明我们对儿童的关心以及用心聆听儿童对我们说了什么。反省一下自己,当你的球员在训练的时候,向你咨询一个问题,你却一头雾水。如果是这样子,你就很有必要好好练习一下自己的信息接收能力。当然,如果你经常在训练时错失球员传递给你的信息,或许你应该问自己:我还能做一个合格的教练吗？

（三）提供反馈

到目前为止,我们分别讨论了传递信息和接收信息。在每次交流时,信息传递者和接收者的角色会来回转换好多次。在起初交流中,某人传递信息给另一个人。这个人接收信息后,变为信息传递者,来回应当初传递给他信息的人。这种信息间的相互转换称为反馈。

你的球员可能一直需要你的反馈。他们想知道自己训练的表现如何,自己的努力是否得到了教练的认可。你可以通过多种方式进行回应,你的反馈会深深地影响儿童训练。他们会通过努力训练来给教练更加积极的反馈。

当儿童表现得很棒的时候,要积极表扬他们,让他们继续尝试或重复做得好的动作。对努力的积极反馈是一种有效激发儿童学习运动技能的方式,尤其是在学习复杂技能时。当儿童在技术上出现错误时,教练不要大喊大叫地消极反馈,而是要尝试提供积极反馈,让他们知道自己做得正确的地方和如何提高技能。有时候,仅仅是言语的积极反馈就比消极反馈好。例如你想说"不要那样击球"。可以换种表达方式"像这样击球"。这样,儿童就会将注意力集中到怎么去做而不是什么不能做。

积极反馈可以是言语的也可以是非言语的。告诉儿童他们表现得很棒是增强他们自信心的很好的方式。拍一下儿童的肩膀与他们击掌表示你肯定他们的表现,也是非常有效的。

四、了解儿童网球教学的指导思想

(一)激发儿童网球训练的兴趣

儿童的训练兴趣是影响网球训练质量的重要因素。在网球训练过程中,如果训练手段单一,常常会让儿童感到疲劳、厌倦,教练应该采取多样的网球训练手段和方法,培养儿童网球训练的兴趣,提高练习的效率。在儿童网球训练的初期,采用较多游戏化形式有助于提高训练的质量。此外,应加强儿童团队精神的培养,提高他们吃苦耐劳的顽强品质。

(二)注重儿童训练的关键期

儿童青少年时期训练的关键期包括神经系统的发展、能量系统的生理发展和肌肉力量的发展等。对于儿童时期的训练来讲,身体素质的敏感期发展尤为关键。身体素质发展敏感期,是指不同的身体素质在不同的年龄阶段中增长的速度不同,某种身体素质增长速度较快的年龄阶段,称为该身体素质发展的敏感期。在网球训练的过程中,应充分利用儿童身体素质敏感期的发展特点,及时发展相关的身体素质,提高儿童身体素质训练的效率和质量。

表1.1　儿童青少年身心素质可训练的关键期

年龄(岁)	5	6	7	8	9	10	11	12	13	14	15	16	17
协调　平衡　灵敏		E	E	E	E	E	G					G	G
跑　跳　投		E	E	E	E	E							
各种滑步		E	E	E	E	E							
运动学习			G	G	E	E	E	E				E	E
运动控制			G	E	E	E	E				G	G	G
反应速度			G	E	E	E	E						
节奏与韵律			G	G	G	G	G	E	E	E			
空间意识					G	E	E	G	G				
耐力素质	G	G	G	G	G	G	G	E	E	E	E	E	E
力量素质					G	G	G	E	E	E	E	E	E
速度素质		E	E					G	G	E	E	E	

备注:E代表极好,G代表良好　（数据来源:Pankhurst, based on work by Nadori）

身体素质由增长阶段过渡到稳定阶段存在着先后之别,按不同素质发展的先后顺序排列如下:速度素质最先,耐力素质次之,力量素质最晚,男女顺序一致。在儿童身体素质敏感期进行训练,可以有效开发儿童的运动潜能。除了身体的基本素质外,儿童运动学习与控制和空间意识等心理发展关键期也应得到合理的训练。

（三）遵循儿童动作发展的顺序性

儿童动作技能的发展既有顺序性也有阶段性,教练应了解这些儿童动作发展的基本规律(图1.1)。教练要指导儿童在合适的年龄发展恰当的动作,尤其是对于动作技术的评价,不能以成人的技术标准对儿童的技能水平进行评价,应根据动作发展的顺序性和阶段性进行评价,从长远的眼光和终身动作发展的视角来做出合理评价。

每个年龄阶段的儿童动作技能的发展都受到了年龄和性别的影响。在成人来看简单易操作的动作,对于儿童来讲是很有难度的。在儿童网球教学上也是如此,每当教练教授正手击球、反手击球和更加复杂的上手发球动作时,作为教练应该以动作发展的眼光来看待每一项动作技术的提高。6岁的孩子不可能在移动中击打一个近乎完美的正手击球,更不可能在发球时发出大力的制胜分。

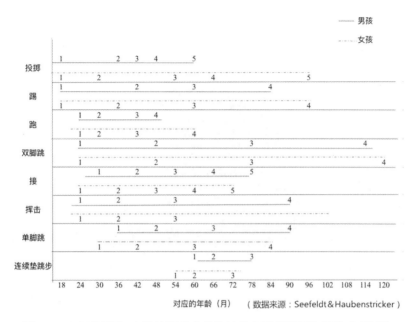

图 1.1　60%的男孩、女孩达到基本动作技能水平的不同阶段的对应年龄

（四）突出基础运动能力的培养

网球训练不能只注重技战术训练，灵敏、协调、力量、速度和耐力等基础运动能力的训练同样重要。在儿童网球训练过程中，应突出基础运动能力的训练，尤其是在启蒙和基础训练阶段中更为重要。基础运动能力训练可以通过游戏和其他一些体育运动项目来提高。从长远看，优先选择步法移动能力、灵敏、协调和平衡能力等基础运动能力的儿童会走得更远。

在儿童从事网球运动的初期，应该以多种运动项目训练为主，通过多种运动项目的训练来提高儿童的基本身体素质，为接下来的儿童网球训练提供身体保障（图1.2）。譬如，通过足球运动来发展儿童移动的灵活性，为网球运动中的移动击球提供身体基础。通过投掷垒球来发展儿童的上手投掷能力，为儿童上手发球做身体准备等。

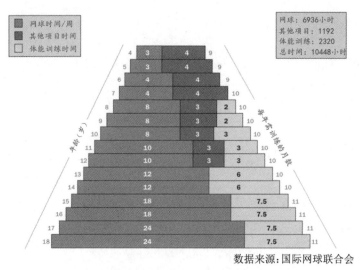

图 1.2 精通网球技能需要的练习时间和训练内容

（五）加强儿童战术意识的培养

网球战术意识强的儿童,能在复杂多变的比赛环境中及时准确地观察场上的情况,随机应变,迅速而准确地决定自己的战术方案。儿童在比赛中所需要的战术信息选择与战术行为决策能力是由良好的思维习惯决定的。因此,要从小培养儿童独立分析问题、解决问题的能力,使儿童从小养成良好的战术意识思维习惯。

第二章 儿童网球技能的教与学

教授儿童网球就是让儿童通过所学的技能、健身理念和运动价值观来学会比赛，同样也包括在比赛前、比赛中和比赛后的指导工作。教学和训练是非常相近的，但它们也有很大的区别。因为我们探讨的是儿童网球的基础教学，所以这一章的内容主要是讨论基本的网球教学原则。掌握这些原则后，你可以设计出高效的儿童网球教学方案，并且理解如何处理训练中的不良行为。

一、教授儿童网球技能

许多人认为教授网球技能的唯一方式就是去示范这个动作。尽管示范一个动作是有益的，但实现成功教学往往需要的更多。即使你不能示范动作技能，采用以下四个方面的内容进行教学，你也可以成功教授儿童网球技能。这四个方面包括介绍技能、示范技能、解释技能和技能练习。

（一）介绍技能

年幼的儿童没有打球的经验，甚至对网球运动一无所知。让他们知道学习什么技能以及为什么要学习这些技能，是训练前很重要的内容。教练可以用以下三个步骤向儿童介绍要学习的网球技能。

1. 引起儿童的注意

因为儿童非常容易分心，教练要经常做一些事情引起他们的注意。不管使用什么方法，你在讲话时，都要用正常的语调，并看着儿童的眼睛。同样，讲话的位置要合适，保证他们能看到和听到（确保他们背对阳光或避开分散注意力的环境）。在你开始讲话时，你要询问儿童能否看到你。

2. 命名技能

尽管各项网球技能都有名称,还是建议教练在训练的整个过程中保持某项技能命名的前后一致性。这样可以阻止技能名称之间的混乱,并提高交流的效率。当你介绍新的技能时,将这些技能的名称多说几遍,这样儿童就能够很快记住这些名称。

3. 介绍技能的重要性

做教练最重要的也是最困难的一方面是,教练必须学会让球员学会学习。只有让儿童理解了技能才称得上教会了技能。对教练来讲,这是一项很重要的技能,但你的球员很少能够明白这项技能怎样才能帮助自己变得更好。提供给儿童一个学习技能的理由,同时描述这项技能与更好的技能表现息息相关。

(二)示范技能

对儿童来讲,示范是教授运动技能很重要的一部分。他们需要观看一个完整的技能展示,这样他们能看到技能是怎么样操作的。如果你不能正确地展示运动技能,你可以找学生来示范这些技能。使用正确的示范且示范多次;如果可能,降低示范的频率和难度,这样儿童能看清楚每次示范的动作全过程;从不同的角度进行示范,这样儿童对动作有个全面的了解;在身体的两侧示范同一个技能。

(三)解释技能

在示范的时候给予简单的解释,儿童学习效率会更高。词语的使用要简单,如果可能的话,与以前学习的技能相关联。询问你的球员,是否理解你的描述。一个好的方法是让儿童重复你的描述。可以这样提问,你首先要做什么?然后呢?如果球员很迷茫或者犹豫,重复你的描述和示范。如果可能,使用另一个词语对动作进行描述,这样儿童有机会从另一个方面来理解技能。如果教练描述得当,儿童对复杂技能的理解也会很好。例如,教授儿童如何进行高压技能学习,可以跟随以下步骤。

① 示范完整的高压球动作技能,并解释在网球运动中的作用。

② 分解技能。

③ 让儿童练习各个分解的技能,例如如何握拍、移动上网、身体的位置、击打高压球。

④ 如果儿童能够掌握分解的技能,重新描述整体技能。

⑤ 让儿童在比赛情景下进行完整高压球的训练。

因为儿童注意力时间有限,长时间的示范或讲述技能有可能导致他们的注意力下降。因此,介绍、示范和讲解动作技能的时间要控制得当,然后让儿童在比赛情景中练习技能。

（四）练习技能

如果你选择的网球技能在儿童的接受能力范围之内,并且你积极有效地介绍、示范和描述了这项技能,你的球员应该尝试使用这项技能。在所有的儿童都学会动作技能之前,你作为教练的职责不会结束。事实上,当你帮助儿童提高技能的时候,你作为教练的角色才刚刚开始。你会通过发现错误和积极反馈来修正他们正在形成的技能。教练的积极反馈是儿童继续练习的动机,会对提高技能产生重要的影响。有些儿童可能需要单独指导,所以在训练前、训练中和训练后要留出合理的时间来帮助需要帮助的儿童。

每个人都会同意这个观点,兴趣在运动中很重要,但如何才能使运动更加有兴趣是非常困难的。儿童都期望通过合理项目的挑战来检验自己的技能。如果挑战项目的设置与他们的技术水平和现有能力相符,运动是积极有趣的(图 2.1)。从另一方面讲,如果项目的挑战性太大,儿童会变得非常焦虑。如果项目挑战性太小,这也会导致他们厌倦。作为教练应该努力在挑战项目设置与现有技能水平之间寻找平衡。适时调整训练内容,既保证训练的兴趣性,又能提高儿童的运动技能。

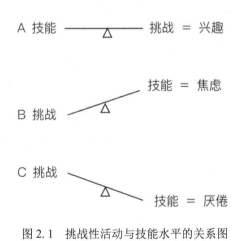

图 2.1　挑战性活动与技能水平的关系图

二、帮助儿童提高网球技能

在成功教会儿童基本网球技能之后,教学的重点就是帮助他们提高技能。儿童学习技能和提高技能的速度可能不一样。如果在某个时间段内学习效率降低,这是正常现象,教练要有足够的耐心,要帮助他们提高运动技能,发现和纠正网球学习中出现的错误。

（一）形成技能

教练的职责就是表扬儿童的积极努力和良好的球场行为。如果球员在训练中有一次很好的击球,你应该立刻说:这就是正确操作的方式!很好的随挥动作!再加一个微笑或竖起大拇指。当然,如果儿童做了错误的动作,教练不能去表扬他们。此时,教练应该如何做,以帮助儿童形成运动技能呢?

形成运动技能对于儿童来讲,要多加练习。对于教练来讲,要有足够的耐心。告诉儿童,这次做得好,下次未必也做得好。看到儿童时好时坏的动作技术,你会很沮丧。当你的球员重复错误或者缺少学习的激情时,这会影响你训练的积极性。当你训练时,出现沮丧的情绪很正常,然而,成功的一个重要组成部分就是控制沮丧情绪。

（二）发现和纠正错误

儿童经常会犯两种错误:学习错误和表现错误。学习错误的发生是因为儿童不知道如何去操作技能,也就是说他们还没有在大脑中形成正确的动作模式。表现错误不是儿童不明白如何操作动作技能,但是在使用技能时出现了错误。区别学习错误还是表现错误可能很难,做教练的艺术就是将两种错误进行区分。

当纠正学习错误时,教练需要告诉儿童如何更好地使用技能。作为教练,要发现是什么原因引起学习错误,对你纠正儿童技能错误更有利。教练一个最普遍的错误是在纠正错误动作时提供了不精确的反馈和建议。不要急急忙忙地去纠正错误!错误的反馈和不合适的建议会打乱学习程序,这样的话还不如没有反馈或建议。如果你还不确定导致这个问题的原因,或如何纠正错误,那就继续观察和分析,直到能够定位问题。

（三）每次只纠正一个错误

举个例子,当一名儿童反手击球时,他大部分动作做得不错,但你注意到他在准备击球时,经常原地等球,没有做上步的动作,没有主动向球的方向移动。你应该怎么做呢?

首先,确定要纠正哪一个错误。每次纠正一个错误时,儿童的学习效率会更高。判断一下这个错误是否会引起下一个错误。例如,先纠正比较容易的错误,当这个错误被纠正后,击球的质量会有很大的提高。对于刚才那名儿童来讲,就是要求他积极主动向球的方向移动。记住,在某一方面的提高会激发他在其他方面的进步。

(四)使用积极反馈纠正错误

纠正错误的积极方式是使用应该怎么做来代替不应该怎么做。使用称赞、表扬、奖励和鼓励等来纠正错误。通过积极的反馈,使儿童感觉良好,并有强烈的愿望去提高自己的技能。

1. 表扬努力和成功的表现

表扬儿童纠正技能的努力和纠正的部分正确动作。当儿童表现得很好的时候要立刻表扬他们。表扬用词要简单易懂,譬如说:这个击球有很好的旋转,或者这就是随挥的正确方式。同样,你也可以使用非言语的反馈,譬如用微笑、竖大拇指、鼓掌等面部或肢体的动作来表示赞赏。确保你的赞赏是真诚的。不要在儿童做得不好的时候暗示儿童做得很好。在他们做得不好的时候,他们能感觉到自己不应得到表扬。

2. 给予简单精确的反馈

在如何纠正错误动作时,不要解释得过长和过于详细,这样会给儿童带来很大的压力。给予儿童适量的反馈,确保每次纠正一个错误。① 在纠正错误时,不要示范儿童的错误动作,而要讲解和示范应该怎么做。例如,当球在你这边的场地上弹起来的时候,你应该侧身准备击球。② 如果错误不是很明显,讲解导致错误的原因。③ 如果动作技术不容易判断,讲解为什么使用你选择的动作技术。

3. 确保儿童理解反馈

如果儿童不理解你的反馈,他就不能够纠正自己的错误。让儿童重复反馈,讲解和示范怎么使用反馈。如果儿童不能这么做,教练需要耐心,再一次进行反馈。然后让儿童继续练习,直到能够完成动作技能为止。

4. 创造适宜环境激发儿童提高技能的愿望

儿童不可能总是能够立刻纠正自己的错误,即使他们理解你的反馈。当纠正错误很困难或儿童很失望时,要鼓励他们坚持。对于很多很难纠正的错误,提醒他们需要时间练习,只要坚持下去,纠错能力就会提高。鼓励儿童要自信,你可以这样讲:你的站位很棒,而且正手击球的动作很漂亮,只要继续练习,你挥拍的速度就会更快。这样才能激发儿童继续提高击打落地球的动力。另外,一些儿童可能会自我激励,需要你的一点帮助即可。尽管动机主要来自个体内部,教练提供积极指导和创造积极的训练环境也是很重要的。

三、处理训练中的不良行为

儿童有时在训练中会有不良的行为出现。这是天性,作为教练,可以通过两种方式来处理这些情况,即忽视或处罚。

(一)忽视不良行为

不予理睬错误行为,也就是说既不表扬也不惩罚。在一定的环境下,这是非常有效的。在一些情况下,惩罚儿童的错误行为可能使他们的错误行为更加严重。忽视错误行为向儿童表明,这不足以引起教练的注意。当儿童的错误影响到儿童自己或是打扰别人时,你必须立即采取措施,告诉犯错的儿童这种行为必须立即停止。如果儿童在警告后还不停止错误行为,必须惩罚。

忽视在以下情形下很好用,譬如儿童通过恶作剧、扮小丑等来获得认可时。如果你是父母,他们引起你注意的行为失败会导致他们停止错误行为。当然,你不能消灭值得期待的行为。当儿童做得很好的时候,他期待你积极的回应,如果不表扬他们,他们继续努力的愿望就会消失。

(二)惩罚不良行为

有一些教育工作者认为,不应该惩罚儿童,而应该鼓励他们的积极行为。他们认为惩罚会让儿童产生敌意,有时可能发展成逃避行为,有害身心健康。不应该总是用惩罚来解决问题。没有有效使用惩罚时,可能会带来问题。恰当使用惩罚,是一种非常有效的消除不当行为的方法。所以,教练必须高效使用惩罚。

① 惩罚是帮助儿童提高的正确方式,不要将惩罚作为报复或为了使自己感觉良好而使用。

② 当儿童破坏规则时,要客观理性地去惩罚,大喊大叫只会表明教练的态度是要报复儿童。

③ 一旦一个好的规则被认可,就要认真执行。不要用规则去威胁儿童,但在他们做得不好时,就使用规则惩罚他。在惩罚前可以警告他们一次。

④ 一旦完成惩罚,不要让儿童觉得他受到冷遇,要让他们觉得自己是团队很重要的一员。

⑤ 当儿童在训练时出错,请不要使用惩罚。

⑥ 不要使用身体惩罚。使用跑圈、俯卧撑等作为惩罚,可能会导致儿童对身体活动有反感。因为这些活动希望他们终身受益,所以身体惩罚不能采用。

⑦ 适当使用惩罚。不合理的惩罚和批评会导致儿童失去运动的兴趣,甚至拒绝和反抗你。

四、儿童网球场地和器材的使用建议

很多教练在训练儿童时,经常使用标准场地和标准球。标准场地需要更长距离的移动,标准球落地反弹会高过儿童头顶,对打也变得困难,而且经常需要花费大量的时间捡球。这些都会导致儿童很快失去学习网球的兴趣。因此,应根据儿童的年龄、能力和自信等,由小场地逐渐过渡到标准场地,由短球拍逐步过渡到标准球拍,由低气压球(慢速球)逐步过渡到标准球。通过在小场地上击打速度较慢的球,儿童很快能够进行比赛,这就会让他们保持足够的兴趣留在场地,进行更好的学习。

(一)儿童为什么使用慢速球

下图(图2.2)显示了不同颜色网球的弹跳高度。从图中可以看到,标准网球的弹跳高度要超过8岁儿童的身高。慢速红球和橘黄色的球更适合儿童进行击打。

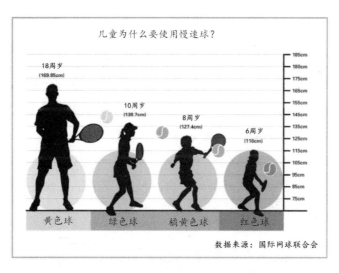

图2.2　不同颜色网球的弹跳高度

从一种颜色的球到另一种颜色球的合理过渡是由儿童的技战术能力决定的。在过渡阶段初期,成绩的短暂降低是正常的(如图2.3),因为儿童需要一段时间来适应速度更快的球和更大的运动空间。至于儿童何时可以过渡到另一种颜色的球,没有明确的规定,主要依据儿童的技战术能力、身体素质和年龄来做出恰当的判断。对于儿童来讲,有序的发展永远比赢得比赛更加重要。

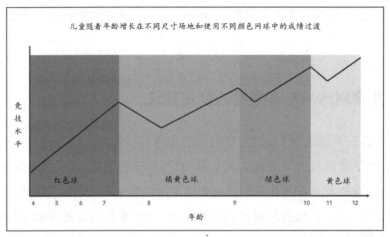

图 2.3 　儿童随着年龄增长在不同尺寸场地和使用不同颜色网球中的成绩过渡

对于儿童训练用球的建议：

5～8 岁年龄阶段　红色球（较标准网球慢 75％）；

7～10 岁年龄阶段　橘黄色球（较标准网球慢 50％）；

9～12 岁年龄阶段　绿色球（较标准网球慢 25％）。

（二）儿童为什么需要小场地

　　网球场地的尺寸应该根据儿童年龄进行合理选择。儿童很难使用标准场地进行比赛，很多战术难以实现。儿童的基本步法很难在标准场地得到提高和发展。例如，发球上网很难在标准场地上实现。因为他们移动到网前合适位置需要很长时间，即使移动到网前也很容易被对手击打穿越球或挑高球。

　　在下图中（图 2.4），可以看到一个经典的斜线击球，从场地中间移动到一侧边线击打斜线球要很长的移动距离。场地越大，击球移动的距离就更大。这会影响儿童的移动步法和击球技术的发展。

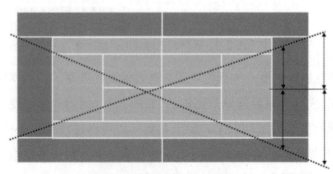

图 2.4 　斜线击球示意图

对于儿童网球训练场地的建议：

5～8 岁年龄阶段（图 2.5）：场地尺寸为 10.97～12.8 米×4.88～6.1 米；球网高度（中间）为 0.80～0.838 米。

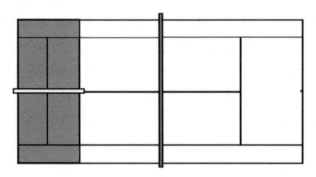

图 2.5　5～8 岁年龄阶段场地示意图

7～10 岁年龄阶段（图 2.6）：场地尺寸为 17.98～18.29 米×6.4～8.23 米；球网高度（中间）为 0.80～0.914 米。

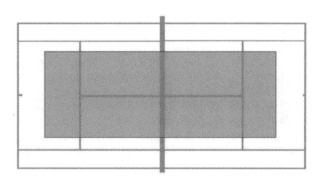

图 2.6　7～10 岁年龄阶段场地示意图

9～12 岁年龄阶段（如图 2.7）：场地尺寸为 23.77 米×8.23 米；球网高度（中间）为 0.914 米。

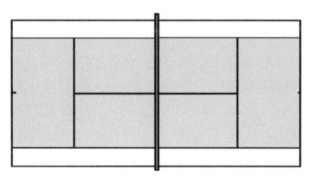

图 2.7　9～12 岁年龄阶段场地示意图

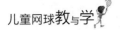

（三）儿童为什么使用短球拍

标准球拍的重量和长度对于儿童来讲,是很大的挑战。儿童的力量小,很难挥动标准球拍;儿童空间位置感和空间意识相对较弱,对于长球拍的控制也会出现很大的问题。儿童应该使用较短的球拍开始网球训练,随着年龄的增长逐步过渡到标准球拍。

对于儿童球拍(如图2.8)的使用建议:

5～8岁年龄阶段:17～21英寸(43.18～53.34厘米)的球拍;

7～10岁年龄阶段:19～23英寸(48.26～58.42厘米)的球拍;

9～12岁年龄阶段:23～25英寸(58.42～63.5厘米)的球拍。

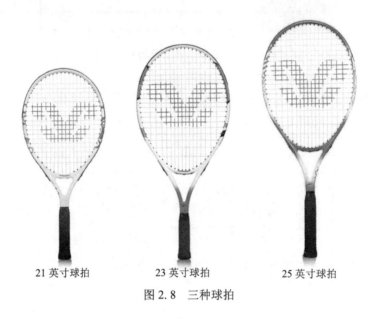

21英寸球拍　　　　23英寸球拍　　　　25英寸球拍

图2.8　三种球拍

基础篇

儿童网球标准课程

第三章 儿童网球 5～8 岁标准课程

本章包括 8 个循序渐进的适合 5～8 岁年龄组别的网球训练课程,包括控制球和球拍、学习在身体一侧击球——正手、在身体的另一侧击球——反手击球、正手和反手将球打到后场、介绍低手发球、学习接发球、介绍截击技术、学习比赛与得分。

一、儿童特点

这个年龄段的儿童身材小,力量相对较弱,但是他们充满了活力,可以让他们学习如何移动。他们在动作技能学习上有很大的困难,部分原因是因为他们还小,更重要的是他们缺乏足够的经验,反应能力和预判能力都比较低。

这个年龄段的儿童有一些还没有上小学,只是在尝试阅读、写字和数数,还是以自我为中心。他们缺乏时间概念和耐心;非常容易烦躁,注意力集中的时间也很短暂;非常容易疲劳,但模仿能力很强;不喜欢听讲解,对于网球中得分、胜利、失败的概念不是很明确。这个年龄阶段的儿童能够做出跑、跳、爬、踢等基本运动动作,灵活性、协调性和平衡能力正在发展。他们投掷伴随着很少的扭转动作,能够使用双手接物,可以让他们学习手握器材。

他们喜欢探索和模仿,尝试分享、融入集体和为别人考虑,他们有创造力和想象力,让他们通过兴趣和体验成功来发展自信心。

二、训练目标

① 介绍网球运动;指导儿童学会控制网球和球拍;介绍正手击打落地球,包括球的控制、方向和深度。

② 介绍反手击打落地球,包括对球的控制、方向和深度;复习正手击打落地球和

由低到高的挥拍方式。

③复习正手和反手击打落地球;介绍下手发球技术。

④介绍接发球和底线击球后的站位。

⑤复习连续对打技术,包括正手和反手击球的随机性;复习击打落地球的连贯性、方向性、击球深度和高度。

⑥介绍截击技术和正反手截击球的击球点。强调准备、快速移动和截击的合适位置。

⑦介绍比赛和得分方式,包括比赛和良好的个人行为。

⑧讲解单打的站位和战术,包括调动对手、将球击打到对手弱侧和通过自身发力击球等。

三、训练过程

训练过程要有趣有活力,教练也要参与其中。每节训练课多设置一些活动内容,4～5 个是不错的选择。不要担心重复上一节训练课的一些活动,因为儿童乐意重复他们喜欢的运动。训练的时间不宜过长。儿童喜欢尝试模仿他们看到的,所以技能示范比动作讲解重要得多。这个年龄段的儿童喜欢使用辅助器材和探索,喜欢不同的颜色和形状。在这个年龄段教授像网球的握拍、挥拍和对打有一点过早。这个年龄段更应该发展他们的平衡、灵活性、协调性、移动、投掷、抛接和击打能力,因为这个年龄阶段的儿童正适合发展这些技能,是这些技能和体能的关键期。

让儿童在 36 英尺(约 10.97 米)或更小的场地上使用 17～21 英寸球拍和海绵球或红色低压球进行活动,训练的目标是,通过有趣的活动来帮助儿童学会如何使用球拍和对飞行中的球尽早做出预判。最终的目标是让儿童积极参与到来回对打网球的快乐之中。开始阶段,5～8 岁年龄组别的儿童以击打地滚球开始,慢慢过渡到传接球和投掷网球,这些活动可以在儿童能够隔网打球之前发展传球和接球的能力。同样,在每一节的开始,都有一个本节课的器材清单。这个年龄组别的训练时间最好不超过45 分钟。课后可以布置一些家庭任务让训练得到保持和巩固。这样父母知道孩子在哪一方面做得不错,也可以知道孩子的能力在哪一方面还需要继续提高。5～8 岁年龄组别的训练应包括以下内容:训练主题、身体活动、技术回顾、新技能发展和家庭作业等。

主题1:控制球和球拍

球场尺寸:36英尺;

课程时间:45分钟;

所需器材:17～21英寸球拍、红色低压球、标志盘等;

学习目标:学习控制球拍和网球。

热身运动

动物模仿秀 让儿童模仿教练指定的动物形象。当听到教练大声喊"停"时,所有儿童停止动物模仿,单脚站立,手臂伸展,两眼目视前方。重复多次,每次模仿不同的动物形象。也可以让儿童在模仿动物形象的同时,发出动物的叫声。

趣味绕标 每组4～5人,以尽可能快的速度"S"形绕障碍物(如图3.1)。开始以快速跑的形式进行练习,接着利用侧并步进行练习。这些练习的目的是帮助儿童在快速移动过程中学会对身体的控制。

图3.1 绕标练习

球拍互换 两名儿童面对面站立,将自己的球拍(如图3.2)拍头向下,拍柄底端朝上竖立在地面上。两人一起喊"3—2—1",快速互换位置,并在球拍倒下前将同伴的球拍抓住。成功练习数次后,各自后退半步,继续练习。这项游戏也可以多人一起参与,练习的目的是提高儿童快速反应能力和培养团队协作精神。

图 3.2 球拍

新技能:学会控制网球和球拍

传接地滚球 两人一组,面对面相距 5 米左右的距离,使用海绵球进行地滚球传接练习。让儿童用双手在身体前将传来的地滚球接住。

平衡和控制 将 6～8 个标志盘摆放到球场呈一条直线,两两相距 1.5 米。儿童将球控制在球拍拍面上保持平衡的同时,绕障碍物向前行走(如图 3.3)。这项活动的目标是让儿童了解球拍的长度和学会握拍的方法。开始时,会有部分儿童尝试用非持拍手抓握球拍拍面上的球,要鼓励他们不要那样做。同时鼓励儿童将球拍保持在身体前面,确保球拍和身体之间有一定的空间,即使是他们用双手握拍。这项运动也可以让儿童沿着球场边线行走,同时学习球场边线的名称。

图 3.3 平衡和控制

　　单人抛接球　每名儿童手持一颗网球,将球向上抛向空中,至少到头部水平高度,让球落地反弹后,将球接住。为了增加难度,让他们在接球前进行击掌一次,接着两次,然后尽可能更多的击掌次数,在球落地反弹后将接住(如图3.4)。

图3.4　单人抛接球

　　颠球和反弹　每名儿童手持一把球拍和一颗球。教练示范如何将球轻轻向上颠到空中,球落地反弹后,再次将球向上颠到空中,一定要留给儿童足够的空间。让儿童自己数一数或相互数一下能连续完成多少次颠球。

　　球拍传接球　两名儿童一组,分别站在球网(或低障碍物)两侧,两人各持一把球拍,其中一人拿一颗网球。在将球传到同伴球拍拍面之前要让球控制在自己球拍拍面上。数一数保证球不落地的前提下,能够来回传接多少次。在此过程中手不触球。熟练后,两人同时向后退适当距离,继续练习。在练习过程中,确保球拍和身体保持适当的距离。

🎾 重点与难点

　　儿童需要通过简单的活动来学习如何控制球拍和球;同样,他们需要学习握住拍柄的最底端,并让球拍和身体保持尽可能远的位置,持拍手的手臂几乎可以伸直;一旦儿童学会了控制球拍,在将来的训练中他们会逐步改进,直到能控制不同形式的击球。

🎾 团队比赛:接力运球

　　两人一组,将球通过球拍从一侧底线运送到另一侧底线(如图3.5)。儿童

A1（B1）在底线将球放到球拍拍面上,在保证球不落地的前提下将球运送到对面网前等待的同伴 A2（B2）,将球拍和球交给同伴后,同伴快速用球拍端球到底线,将球卸下。再快速返回网前,将球拍交给同伴。同伴回到底线取球,继续以上操作。先完成七球的队伍获胜。

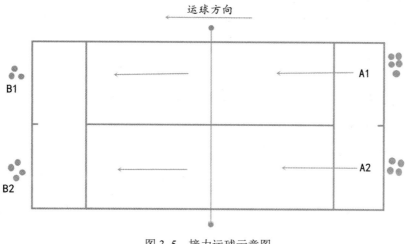

图 3.5 接力运球示意图

放松与恢复

每名儿童将尽可能多的球放到球拍拍面上,在确保球没有掉落的前提下,送到球筐里面。

家庭作业

颠球练习 用球拍连续向上颠球,看一看最多能够连续向上颠球多少次。

主题 2：学习在身体一侧击球——正手

球场尺寸：36 英尺；

课程时间：45 分钟；

所需器材：17～21 英寸球拍、红色低压球、标志盘等；

学习目标：学习在身体一侧击球——正手。

🏸 热身运动

变速跑　快速跑 10 步，走 10 步，然后慢跑 10 步。重复多次。看一下儿童在不同速度的运动中能否控制身体平衡，手臂和腿部动作是否协调。

手触锥形帽　将 6～8 个标志帽摆放成一条直线，两两相距 2 米左右。用手依次触碰每个标志帽（如图 3.6）。在练习过程中鼓励儿童保持立腰、屈膝、抬头和双眼目视前方。

图 3.6　手触锥形帽

🏸 技术回顾：控制球拍和网球

两人一组，每人手持一把球拍，其中一人拿一颗球。相距 1 米左右的距离。将球交替向上颠起来。看一看两人能连续颠球多少次。鼓励儿童之间适当增大距离，前提是继续保持两人交替颠球。

🏸 新技术学习：在身体一侧击球——正手

传接地滚球　两人一组，每人手持一把球拍，其中一人拿一颗球。相距 3 米的距离,侧身在正手一侧进行传接地滚球练习。熟练后,逐步增加两人之间的距离。

低手抛球 示范低手抛球动作(如图 3.7)。两脚前后站立,右脚在前,左侧手臂持球由低到高向前挥动。设置一个较大的目标,保证球能落到里面。这样能确保儿童有目标的抛球,也便于以后击球者有目标地打球。

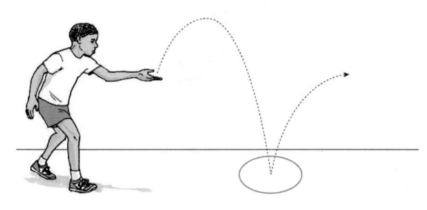

图 3.7 低手抛球

合作抛夹球 儿童 A 手持球拍(以右手持拍为例),用右手握住球拍喉咙处,球拍与腰部位置齐平。儿童 B 低手抛球,儿童 A 用左手将球固定到球拍拍面最佳击球点的位置。然后儿童 A 用球拍将球传回儿童 B(如图 3.8)。练习一定时间后,两人互换位置,继续练习。这是一项非常好的练习儿童移动到最佳击球位置进行击打落地球的热身运动。

图 3.8 抛夹球

击球和接球 两人一组,分别站在球网两侧,相距 3 米左右的距离。儿童 A 手持球拍,儿童 B 手拿 3～5 颗球。持球儿童 B 低手抛球给儿童 A,儿童 A 将球击打回来。击球者练习在正手一侧击球(如图 3.9),抛球者尝试将击打回来的球接住。练习 3～5 次后,两人互换位置。如果有必要,可以给抛球者和击球者设置抛球和击球的目标。

图 3.9　击球者

重点与难点

儿童需要学习在身体一侧寻找最佳的击球点,并会用简单的挥拍动作将球击打给同伴;多次示范你想让儿童学会的技能;可以设置不同高度的障碍物作为球网,以便于儿童练习由低到高的挥拍模式;儿童仍然需要学习控制球拍和在恰当的位置击球。有些儿童可能在盯球方面有困难,很难找到合适的击球点。应该指导这些儿童如何盯住球,安排时间来练习抛接球,并继续练习传接地滚球。

团队比赛:网球射门

将儿童分成四队。在单打边线上均匀设置标记点,并将两个标志盘摆放到底线后作为球门(如图 3.10)。确保球门足够大,以便于能够成功射门。儿童分别站在标记点上,沿单打边线成为一条直线。球网前的儿童 A1 使用球拍正手一侧将地滚球传给下一名儿童 A2,儿童 A2 将球停住,接着将球正手持拍传给另一名儿童 A3。儿童 A3 用球拍正手一侧将球射向球门。先达到规定的成功射门次数的球队,就获得比赛的胜利。

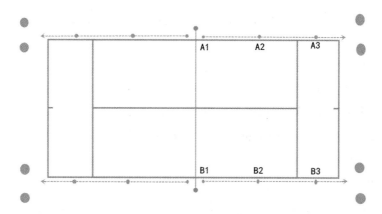

图 3.10　网球射门

放松与恢复

所有儿童围成一个大圆圈,教练站在圆圈的中间,带领儿童做各种拉伸活动。也可以指定一名儿童带领大家一起做任意拉伸运动。

家庭作业

传接地滚球　两人使用球拍进行传接地滚球练习,各持一球,同时传球和接球。能连续传接多少个回合?能不能传球到同伴身体的一侧?能否快速和慢速传球?你能像正手击球一样快速移动到球的侧后方吗?

主题 3:在身体的另一侧击球——反手击球

球场尺寸:36 英尺;

课程时间:45 分钟;

所需器材:17～21 英寸球拍、红色低压球、标志盘等;

学习目标:学习如何在身体的另一侧击球——反手。

热身运动

　　翻转标志盘　每组 3～5 名儿童,两组进行翻转标志盘比赛。将 10 个标志盘随机放在球场,5 个正面朝上,5 个反面朝上。一组将正面朝上变成反面朝上,另一组将反面朝上换成正面朝上(如图 3.11)。在规定的时间内,看一看哪组能获得比赛的胜利。

图 3.11　翻转标志盘

　　用脚控球　让儿童使用脚掌、脚背内侧或脚背外侧控制网球向后或向前移动(如图 3.12)。确保网球始终控制在儿童身体附近。

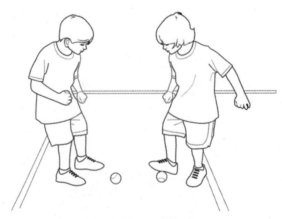

图 3.12　用脚控球

清理球场　将儿童分成两队,分别站在球网的两侧。教练将尽可能多的球均匀倾倒到两边的球场上。当听到教练喊"清理球场!"儿童捡球并投掷到球网对面的场地。让他们继续接球或者捡球并投掷到对面场地,持续 1 分钟的时间。看一看球场两侧哪一侧的球少,球少的队伍获得比赛胜利。

技术回顾:在身体一侧击球——正手

两名儿童一组,分别在球网两侧,相距 5 米左右的距离。儿童 A 手持球拍,儿童 B 手持 3～5 颗网球。持球儿童 B 依次将球抛给持拍儿童 A,持拍儿童 A 用球拍将球击打回来。击球者练习在身体正手一侧击球,抛球者练习在球击打回来时,尝试用手触球和接球。练习 3～5 次后,两人互换位置,继续练习。如果有必要,可以给抛球和击球的儿童设置抛接球的目标。

新技术练习:学习反手击球

示范反手击球　教练示范如何双手握住拍柄的底部,并示范如何控制球拍和身体保持一定的距离,使得球拍有足够的空间进行挥击来球(如图 3.13)。有些儿童更习惯于反手单手握拍,教练给单手持拍儿童进行个别指导(如图 3.14)。

图 3.13　双手反手击球　　　　图 3.14　单手反手击球

抛球和击球　两名儿童一组,分别在球网两侧。儿童 A 在网前低手抛球,儿童 B 在球网对面发球线附近击球,将球击打过网到指定目标。鼓励儿童侧身击球,面向球网侧身站位,并使用由低到高的挥拍模式。如果儿童抛球给同伴比较困难时,开始可以由教练抛球进行练习。

重点与难点

使用红色球或海绵球,可以使儿童在合适的高度击球变得容易,同时使得握拍也相对舒适一些。鼓励儿童当球在腰部和肩部之间的高度时击球;提醒儿童,球在抛球者手中或在击球者球拍位置时,就应该盯住球;儿童需要学习在身体一侧击球,并练习由低到高的挥拍模式;为了更加成功,一些儿童需要练习击球的节奏(让他们自己喊:弹一击),这样他们就很快学会何时盯球和击球。

团队比赛:曲棍球射门

将儿童分成四队,站在两个网柱后面,在底线后 3 米的位置,摆放两个标志盘作为球门(如图 3.15)。儿童从网前开始,反手持拍,轻轻推挡球沿着单打边线前进。确保球在线上。当到底线时,将球停住,用反手持拍击球射门。射门成功就为团队得一分,先得到七分的团队获得比赛胜利。

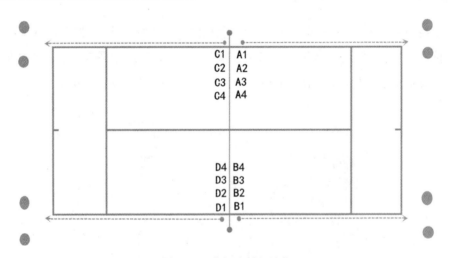

图 3.15　曲棍球射门站位

放松与恢复

让儿童在场地内蜷缩成最小,然后尽可能充分向上伸展,变得最大,再将自己蜷缩起来。重复 3～5 次。

家庭作业

抛接球　同父母一起练习在身体任意一侧接球。两人保持适当的距离,父母低手抛球,儿童在球落地反弹一次后在腰部高度将球接住。看能否连续成功接到七个球。

主题4：正手和反手将球打到后场

球场尺寸：36 英尺；

课程时间：45 分钟；

所需器材：17～21 英寸球拍、红色低压球、标志盘等；

学习目标：学习击打较高的过网球到后场。

热身运动

学习跑 教授儿童如何跑得更好——两眼目视前方，抬头，通过摆动手臂帮助自己跑得更快。让儿童坐在地面上，两腿在体前伸直，然后快速前后摆动手臂。起立，继续跑，确保手臂和双腿摆动协调。鼓励他们双脚轻轻落地。

动作模仿秀 让儿童跟随在教练后面，并模仿教练的动作，譬如，单脚跳、各种动物的形象、游泳中的手臂摆动、侧并步、交叉步等。可以找一名儿童代替教练作为带头人，并不断变换带头人。

抛接球 两名儿童在球场内，儿童 A 手持一颗网球。儿童 A 将球向上抛起到头部高度，儿童 B 在球落地反弹 1～2 次后将球接住，然后将球向上抛起，儿童 A 移动并将球接住。看一看每对儿童能够成功连续做几次抛接球。最好经常变化搭档。

技术回顾：在身体的任意一侧击球

两人一组，儿童 A 抛球，儿童 B 击球，击球目标设置在距离球网 5 米左右的位置。鼓励儿童在身体的任意一侧击球，并提醒他们使用简单的挥拍。如果儿童能够对打，就让他们进行对打练习。

新技术学习：学习正手和反手击打后场球

示范击打后场球 教练示范如何在一侧底线反手击球越过球网到对面场地的后场（如图 3.16 和图 3.17）。强调使用长挥拍以便于将球打到对面后场。示范如何由低到高的挥拍，强调侧身击球，并在最佳击球点击球。反手击打后场球的动作技术与正手击球相同，只是方向相反。

图 3.16　单手反手击球

图 3.17　双手反手击球

抛球、击球和接球　将儿童分成三人一组,抛球者 A 站在网前,击球者 B 站在网对面的后场,另一名儿童 C 站在抛球者 A 一侧的后场。抛球者 A 低手抛球到击球者 B,击球者 B 努力将球击打到对面场地的后场。后场的儿童 C 在球落地反弹后将球接住。练习 5～6 次后变换位置。练习时,可以先抛向击球者的正手一侧(如图 3.18),然后再将球抛向反手一侧 , 两侧交替抛球进行练习。

图 3.18　正手击球

重点与难点

儿童击打落地球时应该在身体的一侧击球(避免球在身体正前方);提醒儿童,击球时要移动到球的侧后方;鼓励儿童使用由低到高的长挥拍,来保证球能够较高地越过球网,落到对面场地的后场。

团体比赛:击打目标

两人一组,分别在球网两侧(如图 3.19)。儿童 A2(B2)站在网前低手抛球,儿童 A1(B1)在对面后场击打正手或反手球。在抛球儿童 A2(B2)一侧的后场设置较大的目标。击球儿童 A1(B1)努力将同伴抛来的球击打到相应的目标中。看一看哪组儿童先得到 7 分。然后同搭档互换位置,继续进行比赛。

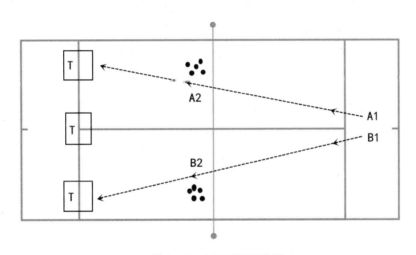

图 3.19 击打目标示意图

放松与恢复

将所有儿童分为三人一组,各手持一把球拍,在球场捡一颗球,将球从一把球拍传递到另一把球拍,三人合作将球运送到球筐里。直到将场地所有的球都放到球筐里面为止。

家庭作业

目标投掷 摆放一个较大的目标到地面上,像呼啦圈或用粉笔画圆圈等,儿童与目标相距 5 米左右。低手抛球到固定目标 10 次,看一看能成功击打目标多少次。熟练后,尝试向后移动更大的距离,进行目标投掷练习。

主题5：介绍低手发球

球场尺寸：36英尺；

课程时间：45分钟；

所需器材：17～21英寸球拍、红色低压球、标志盘等；

学习目标：学习低手发球。

热身运动

移动与平衡 为了帮助儿童提高移动能力，平衡能力和认识球场的每一条线（底线、边线、中线和发球线等），让他们移动到教练指定的线上，并按教练要求的身体部分保持平衡。教练要给他们两个命令：一个是指定球场线，一个是在线上的身体部分。例如，双脚跳到底线，并用身体的三个部分（两只脚和一只手）来保持平衡或快速走到发球线并用身体的两个部分（一只脚和一只手）保持身体平衡等。

接落地球 两人一组，儿童A左右手各持一球，两臂侧平举（如图3.20）。儿童A随机抛落任意一颗球，同伴B在球落地反弹后快速移动将球接住。每成功接住一次后，就适当往后退一步，看看多远的距离还能接住球。

图3.20 接落地球

上手投球 让儿童侧身站在底线后，向前方尽可能远地投掷（如图3.21）。让他们使用持拍手练习上手投掷。教练示范如何侧身向前方投掷网球是非常重要的（球离开手掌时，手臂几乎是伸直的）——确保在球离开手掌前，不要向前摆动后脚或髋部。

图 3.21　上手投球

技术回顾：击打球到中后场

教练在网前将球抛给对面底线的儿童，儿童用正手和反手持拍，分别击打三颗球，侧身将球击打到对面场地的后场。看看谁打到后场的球多。强调挥拍轨迹由低到高，由后到前；球拍和身体保持一定的空间，以便于挥拍。

新技术学习：低手发球

示范与讲解　教练展示低手发球的动作。示范多次并强调以下几点。

① 低手发球的站位就像上手投掷网球一样。

② 如何握住球拍和保证球在身体的侧前方。

③ 在将球击打出前不允许落地反弹。

④ 球拍由后到前长挥拍。

分散练习　将所有儿童安排到球场两侧的底线，并提供大量球，以便于他们练习低手发球（如图 3.22）。练习前，教练示范如何将球击打到斜对面的发球区。练习时，儿童可以在球筐里面取球进行练习，也可以接住对面儿童击打过来的球进行练习。在练习过程中，强调挥拍安全，避免击打到同伴。

图 3.22　发球

重点与难点

让儿童学习用低手发球的挥拍动作来击打手中落下的球。因为侧身站位有助于学习低手发球动作，所以强调侧身站位是非常有必要的（这也为将来学习上手发球做好准备）；让儿童依靠击球用力的感觉（或挥拍动作）来感知到球在落地前的飞行距离。

团队比赛：发球击打目标

将儿童分成两队，在底线后各自排成一行（如图3.23），依次使用低手发球击打对面场地的固定目标，击中目标得一分。发球后排到自己队伍的后面，循环进行。看看哪一个球队先得到10分，先得到10分的球队获得最终的胜利。

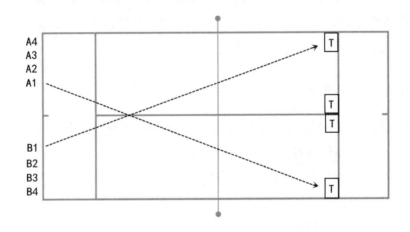

图3.23　发球击打目标示意图

放松与恢复

每名儿童手持一颗球，将球向上颠到空中，落地反弹后继续向上颠球。在颠球过程中向球筐移动，将球颠到球筐里面，直到将球场所有的网球清理干净为止。

家庭作业

移动抛接球　儿童与父母一起进行练习，父母低手抛球，儿童在球落地反弹后接球。投接球必须使用单手，且在身体一侧接球。尝试在身体左右两侧接球，变换使用左手和右手。看一看能否连续接住10次？能否移动并接住距离自己身体任意一侧2～3步远的球？

主题 6：学习接发球

球场尺寸：36 英尺；

课程时间：45 分钟；

所需器材：17～21 英寸球拍、红色低压球、标志盘和篮球等；

学习目标：学习接发球的基本技术。

热身运动

转体抛接球 两人一组，使用双手将篮球在身体一侧抛给同伴。同伴在球落地反弹后将球接住，以同样的方式将球投掷回去。这个抛球动作很像网球正手或反手击打落地球。试一试能否连续投接 10 个回合。

击打地面目标 两人一组，各手持一把球拍。在球场上用四颗网球摆成"金字塔"（共四颗球，三颗在地面组成三角形，在三角形上面摆放一颗球）。其中一名儿童将球落地反弹并向上颠到头部高度，两人交替向上颠球，尝试在球落地时将下面的"金字塔"击中，每击中一次就得到一分。先得到七分者获胜。

合作抛接球 两名儿童在发球区内，儿童 A 手持一颗网球。儿童 A 将球向上抛起到头部高度，以便于落地发球区内任何地方。儿童 B 移动在球落地反弹 1～2 次后将球接住，然后将球抛起，儿童 A 移动并将球接住（如图 3.24）。数一数两人能够连续完成几次抛接球，最好经常变化搭档。

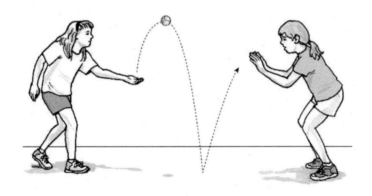

图 3.24 合作抛接球

技术回顾:复习低手发球

教练示范低手发球,提醒儿童如何站位,如何在球落地前击球和用较长的挥拍轨迹;让儿童在底线练习低手发球一定时间;强调发球时身体的协调性和连续性;球在落地前,要将球击打到球网对面发球区。

新技术学习:学习接发球

挥击发球 教练示范如何站位才能够更好地挥击对方的发球(如图 3.25)。示范多次挥击发球,以便于让儿童理解挥击发球就像前期练习过的正手和反手击球一样。提醒他们盯住来球和在身体一侧挥击来球。

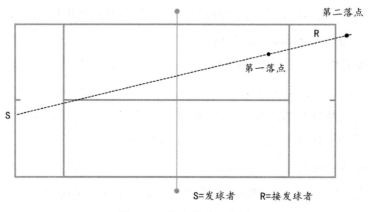

图 3.25 挥击发球示意图

发球和接发球 两名儿童一组,儿童 A1(B1)发球,儿童 A2(B2)在球网对面接发球(如图 3.26)。在开始阶段,可以让发球儿童在发球线后发球,熟练后,逐步过渡到底线发球。让儿童交替作为发球者和接发球者。每成功完成一次发球和接发球就得一分,看一看哪一组先得到七分。

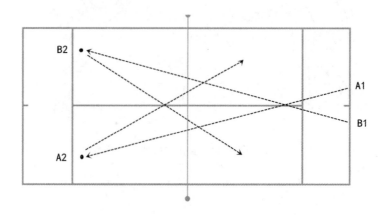

图 3.26 发球和接发球示意图

重点与难点

确保儿童理解接发球时的站位以及怎样在身体一侧击球;帮助儿童预判发球的第一落点以及反弹后的第二落点的大体位置;让他们理解需要站在第一落点和第二落点之间。

团队比赛:发球与接发球挑战赛

两人一组,各持一把球拍,分别站到球网两侧(如图 3.27)。开始,儿童 A1(B1)低手发球,将球击打到球网斜对面的发球区。儿童 A2(B2)在球落地反弹一次后,快速移动,用球拍和手将球夹在球拍拍面上。然后儿童 A2(B2)将球低手发球到儿童 A1(B1),儿童 A1(B1)同样用球拍和手将球夹在球拍拍面上。两人都成功完成一次发球和接球就得一分,先得到七分的队伍获得胜利。

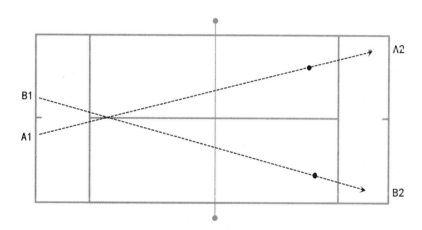

图 3.27 发球与接发球挑战赛示意图

放松与恢复

两人一组收集尽可能多的球,搭建更多的"金字塔"(共四颗球,三颗在地面组成三角形,在三角形上面摆放一颗球)。看看哪一组建立的"金字塔"最多。

家庭作业

击打目标 在地面上画一个直径 50 厘米的圆作为击打目标,儿童距离目标 3 米,使用球拍,采用低手发球的方法用球击打目标,看看能够连续多少次击中目标。熟练后,拉大击打目标的距离,继续尝试击打目标。

主题 7：介绍截击技术

球场尺寸：36 英尺；

课程时间：45 分钟；

所需器材：17～21 英寸球拍、红色低压球、标志盘等；

学习目标：学习截击球技术。

热身运动

步法练习　让儿童按照教练的指示练习不同的步法,包括走、跑、单脚跳、双脚跳、侧并步、交叉步等。练习时,要求不断变换动作速度和方向。

转身接球　两人一组,儿童 A 持球,儿童 B 背对同伴。持球的儿童 A 将球向上抛起,并喊同伴 B 的名字。同伴 B 快速转身并移动,在球落地反弹后将球接住。

球拍抛接球　将网球放到拍面上,维持平衡。儿童在球场内自由移动的同时确保拍面上的球不落地。当听到教练喊"放球!"儿童将球拍上的球落下,落地反弹后,用球拍将球接住(如图 3.28)。开始,可以用非持拍手和球拍将球夹在拍面上。随着练习的熟练,可以只用球拍拍面将球控制住。然后,继续移动,听到教练喊"放球!"继续进行练习。

图 3.28　球拍抛接球

技术回顾：发球和接发球

为了提高发球和接发球的精准性,可以设置相应的发球和接发球击打目标。两名儿童一组,一名儿童发球,另一名儿童接发球。两人交替发球和接发球练习。

新技术学习：截击技术

抛球和截击　教练在网前示范截击,并强调截击就是在球落地前将球击打到对面场地。示范保持球拍拍头朝上和向前移动击球。然后将儿童分成两人一组,分别在球网两侧,进行抛球和截击练习。鼓励儿童在开始截击时,确保球拍拍头朝上。练习 3～5 次后,抛球者和截击者互换位置,继续练习。

抛球、截击和接球 将三名儿童设为一组,一人截击,一人抛球另一人接球。接球者站到抛球者的后面发球线附近,准备接住截击者击打的球。练习 3～5 次后互换角色。确保截击者有足够的空间向前移动击球过网,并朝向接球者的脚下截击。

重点与难点

网前截击练习时,截击者距离球网 1～1.5 米为宜,球拍拍头向上向前,这样可以使得儿童可以在身体侧前方击球,并有一个轻轻的转身;截击动作要短(截击挥拍距离与正反手击球相比要短很多);鼓励儿童将球拍向前挥动,以便于截击球过网,并落地场地内。

团队比赛:目标截击

五名儿童组成一队,四名儿童作为截击者,每人手持一把球拍,站到球场一侧;另一名儿童作为送球者,站到场地另一侧,并拥有足够多的球。送球者依次低手抛球到截击者,截击者努力将球截击到对面场地上的目标区域(发球区的内角或外角)(如图3.29)。截击到任何目标,就可以为团队得一分。让儿童轮流作为送球者,先得到七分的队伍获得最终胜利。

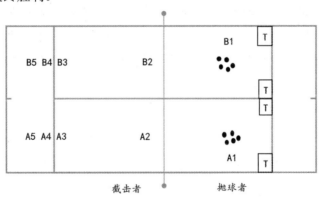

图 3.29 目标截击示意图

放松与恢复

每队三名儿童,通过建立城堡(共四颗球,地面三球摆成三角形,三角形上面放一颗球)的方式将场地内的球收集起来。

家庭作业

颠球和拍球 数一数自己能够用球拍连续向上颠球多少次。也可以数一数自己能够连续向下拍球多少次。

主题 8：学习比赛与得分

球场尺寸：36 英尺；

课程时间：45 分钟；

所需器材：17～21 英寸球拍、红色低压球、标志盘等；

学习目标：学习如何比赛和得分。

热身运动

移动和平衡　为了帮助儿童提高移动能力、平衡能力及认识球场的每一条线，让他们移动到教练指定的线上，并用教练要求的身体部分保持平衡。教练要给他们两个命令：一个是指定球场线，一个是在线上的身体部分。例如，双脚跳到底线，并用身体的三个部分（两只脚和一只手）来保持平衡；或者快速走到发球线，并用身体的两个部分（一只脚和一只手）保持身体平衡。

合作抛接球　两人一组，儿童 A 站在球网对面网前，儿童 B 站在底线和单打边线交叉的位置。儿童 A 将球低手抛向斜对面场地，儿童 B 迅速移动接球。开始，允许球落地反弹三次，接着两次，最后一次，将球接住。儿童 B 低手抛球到儿童 A，然后快速回到原来位置。回位时强调使用侧并步。接球者 B 回位后，抛球者 A 继续低手抛下一球。每次接球者成功接住球和抛球者将球抛向目标，得一分。先得到七分的队伍获胜，然后变换位置继续练习。

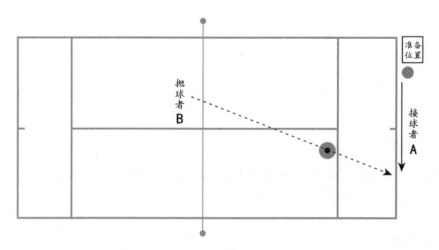

图 3.30　合作抛接球示意图

　　传接球 两名儿童面对面相距三米的距离,进行球不落地的低手传接球练习,熟练后,尝试交替传接两球。

技术回顾:截击技术

　　三名儿童一组,一人截击,一人送球,另一人接球。提醒儿童送球的位置和截击的目标。练习3～5次后,三人交换位置继续练习。截击的目标要大一些,以便于儿童体验到成功的快乐。

新技术学习:如何比赛和得分

　　比　赛 教练示范如何得分并讲解比赛的区域,然后让他们进行以下练习。比赛从发球开始,进行接发球和对打;讲解简单比赛规则,示范并解释怎样得分;强调如何站位进行发球、接发球和对打(回到后场中间和准备击球等)。

　　得　分 将儿童分为两人一组,儿童 A 发球,儿童 B 接发球。讲解简单比赛规则(抢七)。两名儿童交替发球与接发球进行比赛。为了帮助儿童学会计分,在球场双打边线外摆放七个标志盘和一颗球(如图 3.31)。随着儿童得到一分,他们将标志盘上的球向前挪动,直到得到七分为止。

图 3.31　标志盘摆放

重点与难点

　　示范和讲解比赛区域,尤其是发球区;讲解"抢七"比赛规则,确保儿童理解如何得分。

团队比赛:团队单打

　　将所有儿童分成两队,分别站在两端底线后排成一排。儿童 A1 击打落地球到对面场地,然后快速回到自己队伍后面。球场对面的儿童 B1 将球击打回来,同样回到自己队伍后面(如图 3.32)。这些比赛也可以让教练参与进来,以便比赛有更强的连续性和精确性。

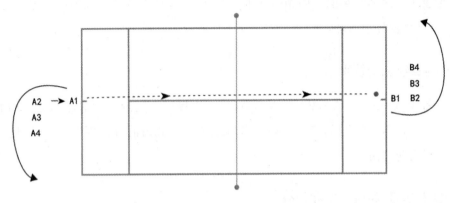

图 3.32　团队单打示意图

🎾 **放松与恢复**

所有儿童围成一个圆圈,每名儿童带领大家做一个拉伸动作。

🎾 **家庭作业**

对打练习　同父母进行对打练习,可以在地面设置一条线,或摆放低障碍物来代替球网,譬如球包或胶带。使用海绵球或红色球,尽可能对打更多的回合。

第四章 儿童网球 7～10 岁标准课程

本章包含了 8 个针对 7～10 岁儿童的循序渐进的训练课程,包括正手连续击球技术,反手连续击球技术,提高对打的连续性和精准性,学习低手发球和上手发球,学习接发球技术,截击和移动到网前截击,多项技术综合练习,比赛、裁判与得分。使用 60 英尺(约 18.29 米)场地、21～23 英寸球拍和橘黄色的球。

一、儿童特点

兴趣依然是这个年龄段最重要的。随着儿童身体的发育,神经传导通路逐步建立起来,大肌肉群得到了进一步发展,投掷动作有了更多的身体转动和重心的转移。这个年龄段的孩子喜欢参加多项运动,这是很重要的,因为运动技能可以在不同的运动项目上相互转移。在这个年龄段,很多儿童的追踪能力和对击球点的判断仍然很困难,反应能力和注意力有了进一步的提高。模仿依然是这个阶段最重要的学习方式,所以技能示范依然是很重要的。他们希望得到成人的认可,并正在学习胜利和失败的概念。他们逐步开始学会分享和合作,喜欢同性别的伙伴,并希望通过完成简单任务来表明自己的担当。

二、训练目标

① 介绍正手击打落地球。强调击球点、连贯性、方向、深度、高度、旋转和速度。

② 介绍反手击打落地球。强调击球点、连贯性、方向、深度、高度、旋转和速度。

③ 介绍上手发球,包括发球的方向、速度和旋转。

④ 介绍接发球技术,重点是动作的连贯性、方向和站位。

⑤ 介绍网前技术,包括正反手截击技术和高压球技术。

⑥ 介绍上网技术,包括预判短球并上网击球和上网截击技术。

⑦ 讲解单打战术和站位,包括连续对打、调动对手前后左右跑动、击球到对手弱侧等。

⑧ 讲解双打站位和战术,包括同伴之间的责任。

三、训练过程

为这个年龄段的儿童创造积极的训练环境,以兴趣教学为主,可以向他们介绍简单的比赛规则。这个阶段的儿童仍然需要发展基本技能,包括正手和反手的击球技术、发球、接发球技术、网前的高压球技术和后场的挑高球技术等。

训练的目标是帮助儿童学习基本的对打技术,让他们能够和同伴隔网来回对打。本章通过有趣的活动或比赛,进一步强化球拍的使用和对移动中球的预判。同样,正反手击打落地球的技术包括一些其他对打技术都会得到介绍,包括发球、接发球和截击技术。目标是让儿童从简单的对打技术过渡到实际的网球比赛中来。通过发球开始比赛,儿童要学会简单的战术、击球后的回位和击球的选择。网球比赛的规则同样会被介绍。每节训练课要提供给儿童对打机会。如果儿童在击球上有困难,不要过多担心。作为教练,应该让他们移动起来、跟踪球和击球。开始阶段,儿童可能不是很成功,但他们喜欢这项运动,随着练习的深入,他们会变得越来越好。这个年龄组的训练时间不超过 60 分钟,间隔 20 分钟可以休息一下。训练课程主要包括以下几方面内容:训练主题,热身运动,技术回顾,新技能学习,与主题相关的比赛和家庭作业等。

主题 1:正手连续击球技术

球场尺寸:60 英尺;

课程时间:60 分钟;

所需器材:21～23 英寸球拍、橘黄色低压球、呼啦圈、标志盘和绳梯等;

学习目标:进一步学习正手击球技术,能够使儿童能够在底线正手连续击球。

热身运动

手和球拍夹球　儿童 A 手持球拍,儿童 B 手拿网球。手持球的儿童 B 低手抛球给儿童 A。儿童 A 将球拍底部顶在腰部位置,在球落地反弹后用非持拍手和球拍拍面将球夹在击球点位置(如图 4.1)。

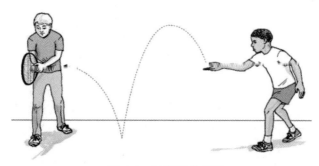

图 4.1　手和球拍夹球

不同方向移动　两人一组,指定一名儿童做领导者。领导者在球场做各种身体活动,慢跑、单脚跳和双脚跳等,并向不同的方向移动。同伴模仿领导者的所有动作,并且紧跟领导者,儿童轮换做领导者。

捉人游戏　3～5 名儿童手拉手围成一个圆圈,另一名儿童在圆外,用手触碰指定姓名的儿童。围成圆圈的儿童手拉手转圈,尝试阻止圆外的儿童抓住指定的儿童(如图 4.2)。

图 4.2　捉人游戏

新技能学习：正手连续击球

颠球和接球 儿童将球颠到头部高度，让球落地反弹，用手将球接住。

单人颠球 这次，在球第一次落地后不是将球接住，而是继续将球向上颠到头部水平高度。

两人对颠 两人一组，交替向上颠球到头部高度。球落地反弹后，用球拍向上颠球，并让球落地反弹。看一看两人能连续颠球多少次。为了让他们集中注意力向上颠球，可以在两人之间摆放呼啦圈，作为击打落地球的目标。儿童尽力将每个球都颠到头部水平高度。

隔线对颠 两人一组，找一条线，分别站在线的两侧。两人正手一侧的拍面相对，同时向后退 2～3 步。让他们对颠球，以便于球越过线，颠球的高度到头部水平。全部使用正手一侧拍面颠球，数一数能够连续颠球多少次。

隔网对颠 两人站在网前，球拍正手一侧的拍面相对，同时向后退 3～4 步，全部使用正手一侧拍面击球。为了帮助他们加强对球的控制和提高站位的意识，可以在距离球网 3 米左右的位置加一个标志盘。

拉大距离击球 两人一组，隔网站在球网前面，球拍的正手一侧的拍面相对，然后各后退两步。持球的儿童 A 击打落地球，越过球网到同伴 B（如图 4.3），两人使用正手击打两个连续的回合后，各自后退一步，继续尝试连续对打两个回合。每成功连续击打两个回合，就后退一步。如果其中一人出现失误，两人同时向前迈一步，尝试击打三个连续的回合，成功后，后退一步。再有失误，就向前迈一步，尝试连续击打四个回合后再后退。

图 4.3　拉大距离击球

🎾 重点与难点

有序按照以上步骤,学习正手连续击球技能。随着击球距离的不断增大,强调儿童由低到高的挥拍幅度逐渐拉大;强调通过脚下移动来做好击球前的准备,以便于能够在更好的击球点击球。

🎾 团队比赛:正手击打目标

两名儿童一组,儿童 A2(B2)站在网前送球,并持有大量球。儿童 A1(B1)站在对面场地的后场准备击球(如图 4.4)。在儿童 A2(B2)身后,发球线附近设置一个较大的目标,以便于击球者能够击中目标。送球者 A2(B2)低手抛球给对面的击球者 A1(B1),击球者 A1(B1)使用正手将球击打到对面场地的目标里面。用正手连续击打 10 颗球,看看能够击中目标多少次?两名儿童互换位置,继续练习。

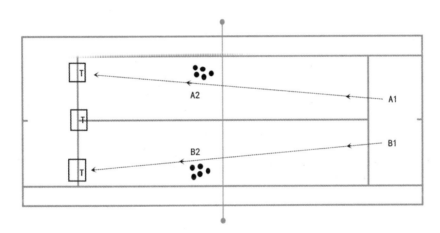

图 4.4 正手击打目标示意图

🎾 放松与恢复

让儿童捡起球场地面上更多的网球,放到球拍拍面上。保持球拍拍面稳定,在保证球不落地的前提下,将球放到球筐里面,数一数谁捡的球最多。

🎾 家庭作业

打墙练习 使用海绵球,用正手连续击打墙面,看一看能连续打几个回合。熟练后,可换成橘黄色球进行打墙练习。

主题2:反手连续击球技术

球场尺寸:60英尺;

课程时间:60分钟;

所需器材:21～23英寸球拍、橘黄色低压球、呼啦圈、标志盘和绳梯等;

学习目标:进一步学习反手击球技术,能够使儿童能够在底线反手连续击球。

热身运动

慢跑抛接球　当儿童在球场慢跑时,让他们向上抛球,落地反弹后用双手将球接住(如图4.5)。熟练后,分别用左右手接球。让儿童保持运动,并在听到教练发出的命令后变换移动方向。

图4.5　慢跑抛接球

传接地滚球　两人一组,保持5～6米的距离。每人手持一颗网球,同时将地滚球传给同伴。熟练后,可以让儿童将球滚向距离同伴身体左右两侧1～2步远的地方,让他们在移动中接球。

快速启动练习　让儿童在标志帽1面向标志帽2,做好快速启动的准备。当听到教练指令时,儿童以最快的速度启动到标志帽2,然后快速转身,启动,以最快的速度冲过标志帽1(如图4.6)。

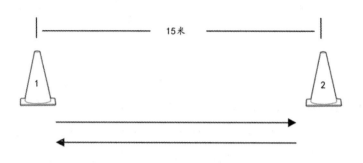

图 4.6　快速启动练习示意图

技术回顾：正手连续击球

　　教练站在网前连续送球到球网对面底线的儿童，儿童排成一排，依次站到底线后连续击打底线正手球 3～5 个，然后到对面场地捡 2～3 颗球放到球框里，继续排到队伍后面等待正手击球。

新技能学习：反手连续击球

　　颠球和接球　儿童用球拍反面将球向上颠到头部高度，让球落地反弹，然后将球接住，循环练习。

　　单人颠球　这次，球落地反弹后不是将球接住，而是继续使用球拍反面将球颠到头部高度（如图 4.7）。

图 4.7　单人颠球

　　目标颠球　两人一组，交替使用球拍的反手一侧将球颠到头部高度。落地反弹后，儿童向上颠球，并让球落地反弹。看一看能连续向上垫球多少次。为了帮助他们集中注意力向上颠球,可以在两人之间摆放一个呼啦圈或画一个圆圈为目标,球落地尽量控制到目标里面。儿童尽可能每次向上颠球到头部高度。

隔线对颠 在球场上画一条线或找一条线,两人分别站到线两侧。两人球拍的反手一侧的拍面相对,并同时向后退2～3步的距离。让他们隔线对打。将球颠到头部高度。看他们能够使用球拍的反面连续对颠球多少次。

隔网对颠 这很像上一个练习,但两人要隔网对颠。让他们的球拍反手一侧的拍面相对,并同时向后退3～4步的距离,全部使用反手侧拍面颠球。为了帮助他们更好地控制球并提高站位意识,可以在距离球网三步左右的位置摆放一个标志盘。

拉大距离击球 两人分别站在球网的两侧,球拍的反面相对,并同时后退两步。持球的儿童击打落地球越过球网到同伴(如图4.8和图4.9),反拍成功连续击打两个回合后,两人同时后退一步,继续进行两个回合的反拍连续击球。每次成功击打两个来回后,就后退一步。如果其中一人出现失误,两人同时向前迈一步,继续练习。

图4.8 双手反手击球

图4.9 单手反手击球

🏸 **重点与难点**

有序按照以上步骤,发展反手连续对打技能。随着击球距离的不断增大,强调儿童由低到高的挥拍幅度逐渐拉大,以便将球击打得更深;强调通过脚下移动来做好击球前的准备,以便于能够在更好的击球点击球。

🏸 **团队比赛:反手连续击打目标**

两名儿童一组,儿童 A2(B2)站在网前送球,并持有大量球。儿童 A1(B1)站在对面场地的后场(如图 4.10)。在送球者 A2(B2)后面,发球线附近设置三个较大的目标,以便于击球者能够击中目标。送球者 A2(B2)低手抛球给对面的击球者 A1(B1),击球者使用反手击球将球击打到对面场地的目标里面。用反手连续击打 10 颗球,看看能够击中目标多少次。两名儿童互换位置,继续练习。

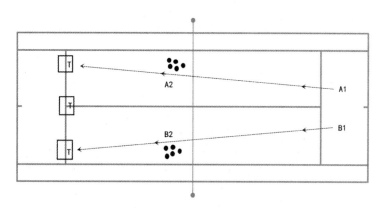

图 4.10　反手连续击打目标示意图

🏸 **放松与恢复**

每名儿童在球场地面收集网球,控制好力度将球滚到球筐附近,然后将球捡到球筐里面。

🏸 **家庭作业**

球拍正反面颠球　用球拍的正面和反面交替颠球,保证球不落地。数一数自己能够练习颠球多少次。

主题3:提高对打的连续性和精准性

场地尺寸:60英尺;

课程时间:60分钟;

所需器材:21～23英寸球拍、橘黄色低压球、呼啦圈、标志盘和绳梯等;

学习目标:提高底线正手击球和反手击球的连续性和精准性。

🎾 热身运动

跳　绳　用双脚跳绳,然后接着双脚交替跳绳。教练示范如何将手腕保持在腰部高度(不要超过头部)并用手腕转动跳绳,而不是手臂。鼓励儿童抬头,目视前方。

绳梯练习　在绳梯上做不同形式的步法练习,向前跑、侧身跑、单脚跳和双脚跳等(如图4.11)。也可以让每一名儿童在绳梯上带领大家做任何一种动作,同伴跟随模仿。绳梯训练是提高儿童身体协调性和灵敏性最有效的方法之一,也是儿童非常喜欢的一项体能训练方式。

图4.11　绳梯练习

动态平衡　在球场找一条直线并沿着线走,就像自己在绳索上行走一样。不要摇晃身体,可以张开双臂维持平衡。在维持身体平衡的情况下能走多远?能不能倒着走?两眼要盯住线的前方,而不是脚下的线。

后退跑　儿童站在标志帽1的一侧,听到教练指令后,快速后退跑到标志帽2。到标志帽2后,迅速转身,继续后退跑到标志帽1(如图4.12)。这项练习的重点是保持较低的身体重心进行快速折返。

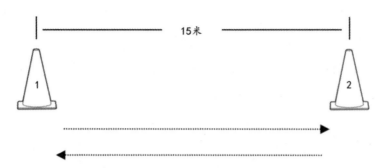

图 4.12　后退跑练习示意图

技能回顾：反手连续击球

　　教练站在网前，连续送球到球网对面底线的儿童面前。儿童排成一排，依次站到底线后连续击打底线反手球 3～5 个，然后到对面场地捡 2～3 颗球放到球筐里，继续排到队伍后面等待反手击球。

新技能学习：底线连续和精准击球

　　击球的连续性　两人一组，底线对打。让儿童使用正手或反手将球击打到球网对面球场的后场。强调由低到高挥拍模式（如图 4.13），将球击打到对面场地的后场并尽可能击打更多的回合。教练示范怎样转身，以便于更好地向后引拍。

图 4.13　练习连续击球

击球的精准性　两人一组,在底线对打。在每一侧场地的后场(底线前 1.5 米)设置较大的击打目标。两名儿童尝试将球击打到该区域。一旦儿童练习熟练后,移除目标,双方尝试将球击打到距离同伴较远的底线位置(如图 4.14)。鼓励儿童在每次击球后快速回到底线中间位置,以便于尽早准备击打下一球。

图 4.14　练习精准击球

🎾 重点与难点

无论正手击球还是反手击球,强调由低到高的挥拍模式,保证球越过球网,到对面场地;为了将球击打到对面后场,要在身体的一侧进行较长挥拍的击球。

🎾 团队比赛:正反手击打目标

每队安排四名儿童,分别在两侧底线,保持一定间隔,平行站位。每名儿童手持一把球拍和一颗球。分别将六个标志盘摆放到两侧球场的中后场作为目标。儿童自己抛球,轮流正手或反手击打落地球到球网对面的目标(如图 4.15)。目标若被击中,就移开。当所有的标志盘被移走后,这个队伍获得比赛的胜利。

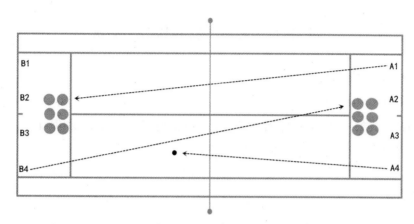

图 4.15 正反手击打目标示意图

🎾 **放松与恢复**

所有儿童手拉手围成一个圆圈,轮流做一个拉伸动作,其他儿童跟随模仿。

🎾 **家庭作业**

控 球 将两个球放到球拍拍面上,看一看自己在保证球不落地的前提下,能走多远和多快。重复练习数次,直到能够熟练控制拍面上的球为止。

主题 4：学习低手发球和上手发球

球场尺寸：60 英尺；

课程时间：60 分钟；

所需器材：21～23 英寸球拍、橘黄色低压球、呼啦圈、标志盘和绳梯等；

学习目标：学习低手发球和上手发球。

热身运动

慢跑抛接球　当儿童在球场慢跑时，让他们向上抛球，落地反弹后用双手将球接住。熟练后，分别用左右手接球。让儿童保持运动，并在听到教练发出的命令后变换移动方向。

颠球与接球　儿童在指定区域内用球拍将球颠到头部水平高度，球落地反弹后，用非持拍手将球接住（如图 4.16）。重复练习数次。

图 4.16　颠球与接球

抛球与接球　两名儿童一组，使用篮球进行双手胸前传接球、双手头上前抛球（图 4.17）和双手背后抛球等练习。练习时，确保双脚与肩同宽，膝关节弯曲，抛球时双腿充分蹬伸，提高投掷球的能力。

图 4.17　抛球与接球

🏸 技术回顾：正手和反手击球

两名儿童一组,用正手和反手进行对打练习。为了让球落到对面场地的后场,鼓励儿童将球打出更高的弧度越过球网,强调由低到高的挥拍轨迹。提醒儿童要充分转肩,利用身体的力量进行击球。

🏸 新技能学习：低手发球和上手发球技术

低手发球　教练示范抛球和低手击球的完整动作(图 4.18),并强调侧身站位和脚部在底线后的位置。安排儿童在球场底线后进行数次练习。

图 4.18　低手发球

上手发球　教练示范上手发球(如图 4.19)数次,并让儿童有多次发球尝试。询问一下儿童,上手发球和低手发球有哪些地方是一样的?确保他们知道:脚下站位、发球前的球拍和球的位置都是一样的。接着教练示范持拍手臂和持球手臂的分离动作,以便儿童进行模仿练习。有些儿童在手臂协调和做发球动作保持身体平衡方面或许有困难,另一些儿童或许觉得很容易。如果有必要,就将整体发球动作进行分解练习。

教练有步骤地进行分解示范并指出每项动作的关键点。

① 脚下站位的示范。

② 将球和球拍放在身体的侧前方。

③ 示范球拍手臂和持球手臂的分离动作。

④ 示范将球抛向击球点的动作。

⑤ 挥拍击球动作,强调手臂自然伸直。

强调发球就像上手投掷网球。如果有必要,让儿童先在发球线后进行发球练习,以便让他们体验到成功发球的快乐。

图4.19 上手发球

如果儿童在上手发球方面有很大的困难,他们可以使用低手发球。教授发球的目的是让儿童尽可能早地学会比赛和得分。

重点与难点

在上手发球练习过程中,儿童如果学习有困难,将完整发球动作进行分解练习;示范上手发球,并强调抛球的位置和高度,这是发好球的前提和关键;鼓励儿童做上手挥拍击球的动作;确保在击球前后脚和髋部留在后场。

团队比赛：发球击打目标

　　将儿童分成 4～6 人一组，每人手持一把球拍。每个球队六个标志盘。将六个标志盘摆放到对面发球区内（如图 4.20）。每名儿童轮流用上手（或低手）发两颗球，尝试击打对面发球区内的标志盘。每次发球，击打到标志盘之间的地面上得一分，发球击中标志盘得三分。先得到七分的队获胜。

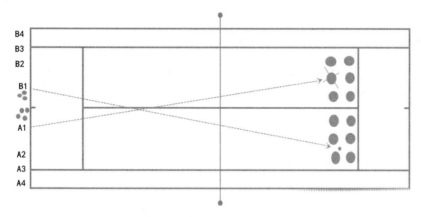

图 4.20　发球击打目标示意图

放松与恢复

　　每名儿童将自己尽可能伸展得更高，并用脚尖向前走，直到教练喊停为止。重复练习数次。

家庭作业

　　投掷击打目标　儿童和父母一起，在地面上摆放一个呼啦圈为目标，儿童站在距离目标 5 米左右的位置，上手投掷网球到目标，父母在儿童对面帮助捡球。看一看儿童能连续击中目标多少次。

主题5:学习接发球技术

球场尺寸:60英尺;

课程时间:60分钟;

所需器材:21~23英寸球拍、橘黄色低压球、呼啦圈、标志盘和绳梯等;

学习目标:学习接球和挥击发球。

热身运动

绕"8"字练习 将两个标志盘相距3米左右摆放。儿童采用各种步法快速向前、向后或侧身等以绕8字的形式进行快速移动(如图4.21)。

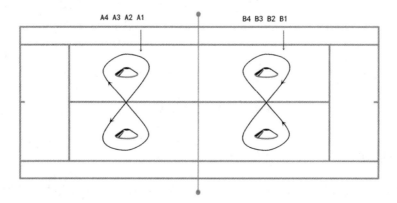

图4.21 绕"8"字练习示意图

接落地球 两人一组,儿童A左右手各持一球,两臂侧平举。儿童A随机抛落任意一颗球,同伴B在球落地反弹后快速移动将球接住(如图4.22)。每成功接住一次后,就适当往后退一步,看看多远的距离还能接住球。

图4.22 接落地球

综合步法　所有儿童在标志帽 1 准备,依次进行综合步法练习。当听到教练指令时,儿童 A 快速跑到标志帽 2。到达标志帽 2 后,迅速交叉步到标志帽 5,再快速跑到标志帽 3。儿童 A 在标志帽 3 快速后退跑到标志帽 4,在标志帽 4,儿童 A 侧并步快速回到标志帽 1(如图 4.23)。

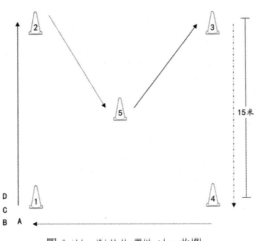

图 4.23　综合步法练习示意图

技术回顾:低手发球和上手发球

儿童在底线后交替在 1 区和 2 区发球,越过球网到对面发球区。数一数能连续成功发球到对面场地多少次。发球时,手臂自然伸直,击球点尽可能高。

新技能学习:接发球和挥击发球

接发球　教练示范接发球的合适位置,在底线内和单打边线附近(如图 4.24)。教授接发球的准备姿势——球拍置于体前,膝关节弯曲,两眼盯住发球者。强调儿童由低到高挥拍,以便于球越过球网。

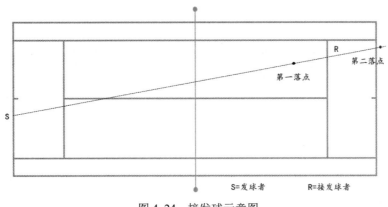

图 4.24　接发球示意图

挥击发球 将儿童分为三人一组,两名儿童轮流发球,另一名儿童挥击发球。发球者每次发两球;鼓励他们用上手发球进行第一发球,第二发球可以使用低手发球。务必确保接发球者站在球场恰当的位置、做好接发球的准备姿势和采用由低到高的挥拍模式。

重点与难点

接发球者一定要站在球场恰当的位置进行接发;接发球者必须在球越过球网前紧紧盯住球,并移动双脚,进行正拍或反拍挥击;准备接发球时球拍置于体前;儿童要由低到高挥拍,保证击球安全越过球网并落到后场。

团队游戏:发球和接发球

将儿童分为四人一组,每人手持一把球拍。两名儿童依次发球,另两名儿童依次准备接发球。每名发球者发两颗球给接发球者。发球者成功发球到发球区,接发球者成功完成接发球,团队得一分(如图4.25)。交替进行发球与接发球,先得到七分的团队获得比赛胜利。

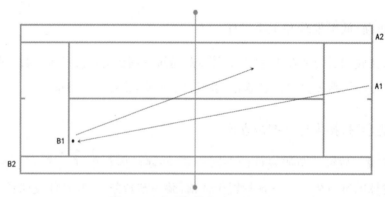

图 4.25　发球和接发球示意图

放松与恢复

每名儿童手持一颗球,将球向上颠到空中,落地反弹后继续向上颠球。在颠球过程中向球筐移动,将球颠到球筐里面,直到将球场所有网球清理干净为止。

家庭作业

运　球 在地面上摆放10个标志盘,两两之间相距1.5米。用脚来控制网球绕标,就像足球绕杆一样,必须将球控制在身体附近。看一看自己在不碰触标志盘的前提下,能连续绕过几个标志盘。分别尝试用左脚和右脚进行练习。

主题 6：截击和移动到网前截击

球场尺寸：60 英尺；

课程时间：60 分钟；

所需器材：21～23 英寸球拍、橘黄色低压球、呼啦圈、标志盘和绳梯等；

学习目标：提高基本截击的技术和培养随球上网截击的能力。

热身运动

慢跑抛接球　当儿童在规定区域内慢跑时，他们向上抛球并在球落地反弹后用双手将球接住。然后分别用左右手进行练习。让儿童保持移动，当听到教练喊声时，变换移动方向。

球拍夹球　两人一组，相距 3 米左右的距离，儿童 A 左右手各持一把球拍，儿童 B 手拿一颗网球。持球的儿童 B 低手抛球，持拍儿童 A 在球落地反弹后，使用球拍将球夹住。夹住球后，将球在球拍之间落下，并将球击打给抛球者（如图 4.26）。鼓励夹球的儿童在身体一侧夹球，侧身的目的是能够更容易夹球和侧身击球。成功练习五次后，互换位置。

图 4.26　球拍夹球

追捕球　两名儿童一组，面向同一方向，前后站立。前面的儿童两脚左右开立，与肩同宽，后面儿童传地滚球，在前面儿童两腿之间穿过。前面儿童看到球后快速向前移动，在球停止滚动前，用脚将球停住（如图 4.27）。练习五次后，角色互换。

图 4.27　追捕球

🎾 **技术回顾:接发球练习**

将三名儿童分为一组,两名儿童作为发球者交替发球,第三名儿童作为接发球者准备回击发球。发球者每次发两球,第一发球为上手发球,第二发球可以使用低手发球。强调接发球者的球场站位并做好接发球的准备动作。

🎾 **新技能学习:提高基本截击的技术和培养随球上网截击的能力**

网前截击　教练示范截击时的站位,约在球网后 1.5 米(如图 4.28),手持球拍将球拍拍头朝上和由高到低、由后到前的截击动作轨迹。然后,将儿童分为三人一组,一名儿童截击,一名儿童送球,一名儿童接球。确保儿童之间经常变换角色。并示范如何低手抛球更好地让同伴截击。确保儿童截击时,球拍拍头朝上,并使用一个短挥拍,以便球落地反弹后接球儿童将球接住。

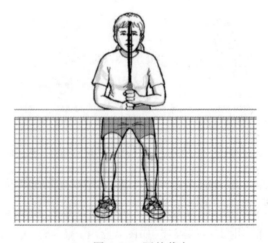

图 4.28　网前截击

随球上网　教练示范在双方对打情境下,当对手出现浅球时,如何击打浅球并移动到网前准备截击。在儿童练习前,教练示范如何低手抛后场球和何时抛前场球,以便同伴练习随球上网击球并移动到网前。

浅球和深球　儿童低手抛一颗后场球,接着抛一颗前场球给同伴,让儿童认识到处理短球和长球的方式不同,并学习何时向前移动击打浅球。

移动上网与截击　将儿童分为两人一组,送球者连续抛两颗球。第一颗球抛一颗短球,第二颗球抛网前球截击。教练示范如何抛球到相应的位置。击球者开始站在发球线后准备击打浅球(上网击球),并向前移动到网前(如图 4.29)。站到网前后,送球者低手抛第二颗球,击球者进行截击。

图 4.29　移动上网与截击

🎾 **重点与难点**

击打上网球时,要将球击打到对手的后场,以便有充分的时间做好截击准备;在开始截击时,球拍拍头要向上,并在球网水平高度以上截击;截击时将球拍向前挥动,动作幅度要小,在身体的侧前方击球。

🎾 **团队比赛:团队截击**

将儿童分为 3～5 人一组。一名儿童作为送球者站在网前,一名儿童作为记分员,其他儿童作为击球者,站到对面场地发球线后准备击球(如图 4.30)。送球者低手抛两颗球越过球网。每人击打两颗球——第一颗球是随球上网,第二颗球是截击球。击球者将球击打到送球者一侧的后场就得一分。记分员为每一名儿童播报分数,先得到七分的团队获得比赛的胜利。

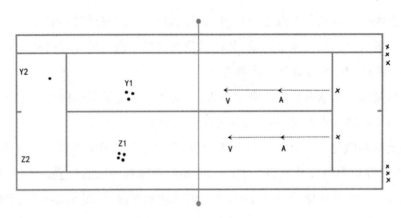

图 4.30　团队截击示意图

放松与恢复

所有儿童手拉手在球场内围成一个圆圈,轮流做不同的拉伸动作,其他儿童跟随模仿并重复数次。

家庭作业

抛接球　快跑中左右手慢速抛接球;跳跃的同时进行左右手抛接球;高抬腿的同时左右手抛接球。

主题 7：多项技术综合练习

球场尺寸：60 英尺；

课程时间：60 分钟；

所需器材：21～23 英寸球拍、橘黄色低压球、呼啦圈、标志盘和绳梯等；

学习目标：按照一定程序，依次练习不同的击球技术。

热身运动

花样跳绳　听从教练指示，进行不同形式的跳绳练习。向前跳、双脚跳、单脚跳、双脚交替跳、后退跳或侧向移动跳等。

绕标练习　每组 4～5 人，以尽可能快的速度"S"形绕障碍物。开始以快速跑的形式进行练习，接着用侧并步进行练习。这些练习的目的是帮助儿童在快速移动过程中学会对身体的控制。

抛接落地球　两人一组，面对面站立。一名儿童左右手各持一球，手臂侧平举，掌心向下。随机将一球放下，同伴迅速移动在球落地反弹后将球接住（如图 4.31）。为了增加难度，在每次儿童成功将球接住后，就让儿童后退一步进行抛、反弹和接球。

图 4.31　抛接落地球

技术回顾：发展截击和基本的随球上网截击技术

将两名儿童分为一组，送球者连续抛送两球给击球者。第一颗球为浅球，让击球者击打落地球（这是一个随球上网的击球），第二颗球为截击球。强调送球者如何抛球到合适的位置。击球者开始在发球线后，判断时机迅速移动向前。

新技能学习:学会有序击球

分组击球练习　将儿童分到三个球场,每片球场分别进行以下击球练习。

① 发球和接发球。

② 正手击球到反手击球。

③ 截击到正手击球。

所有儿童在这三片球场轮流击球,以便于他们练习三种击球形式。练习的目标是逐步将不同的击球技术衔接起来。儿童在不同场地进行击球练习。让他们自己数一数在每片场地能够连续成功击打多少次球。

综合击球练习　当所有儿童练习了不同击球技术,将他们分成两人一组,进行以下练习:发球(上手发球或低手发球)——接发球——正手或反手击打落地球——随球上网截击。

儿童之间要相互合作来完成综合技术练习。儿童成功练习综合技术后,不断变换练习同伴,进行同样的练习。强调儿童站到合适的位置,盯球并完成击球。

重点与难点

通过分组击球练习到综合击球练习将所有学过的击球技术进行有效衔接,对于儿童网球技术的提高意义重大。强调儿童击球时的站位选择、集中注意力盯住球和击球时对球的控制,在必要的情况下,教练可以进行示范。

团队比赛:交叉单打赛

将所有儿童分成两队,两队之间进行交叉单打赛(如图4.32)。儿童之间进行发球、接发球、击打落地球和截击。击打一个成功的截击球直接为球队得一分。在没有截击得分时,对打中获胜的儿童同样为球队得一分。在规定的比赛时间内得分最多的球队获得胜利。

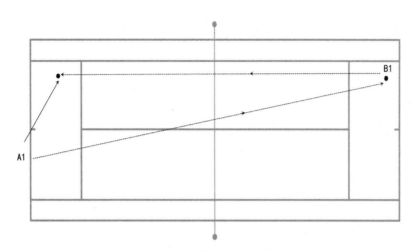

图 4.32　团体赛单打示意图

🎾 **放松与恢复**

两人一组收集尽可能多的球,搭建更多的"金字塔"(共四颗球,三颗在地面组成三角形,在三角形上面再摆放一颗球)。看看哪一组搭建的"金字塔"最多。

🎾 **家庭作业**

多种方式颠球　用球拍的正面和反面进行交替颠球练习。看一看在确保球不落地的前提下能否连续颠球 30 个。尝试用球拍的边框向上颠球或向下拍球。看一看每次能颠球或拍球多少次。

主题8：比赛、裁判与得分

球场尺寸：60英尺；

课程时间：60分钟；

所需器材：21～23英寸球拍、橘黄色低压球、呼啦圈、标志盘和绳梯等；

学习目标：学习如何比赛、裁判和得分。

热身运动

用脚控球　让儿童使用脚掌、脚背内侧或脚背外侧控制网球向后或向前移动（如图4.33），确保网球始终控制在儿童身体附近。

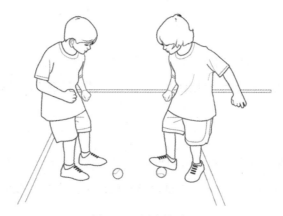

图4.33　用脚控球

合作抛接球　儿童A手持两球，同时低手水平抛两个球给同伴B，同伴B在球落地反弹一次或两次后将球接住。要求接球时，掌心向前，指尖朝上，膝关节弯曲，身体重心降低和腰部直立（如图4.34）。熟练后，尝试一下在球不落地的情况下，能否同时将两球接住。练习一段时候后，两人互换位置，继续练习。

图4.34　合作抛接球

分腿垫步 儿童向前慢跑,当听到教练分腿垫步的指令时,儿童立刻进行分腿垫步,接着向前跑直到分腿垫步的指令再次下达。重复练习数次,目的是提高儿童瞬时启动的能力。

技术回顾:学习综合击球技术

每名儿童与同伴一起有序练习综合技术。发球(上手发球或低手发球)——接发球——击打落地球——截击。

新技能学习:比赛、裁判与得分

比赛与得分 两名儿童进行比赛与得分。上手或低手发球,接发球和对打;采用"抢七"的比赛规则与不同的对手进行两两比赛。

学做裁判 将三名儿童分为一组,两名儿童进行比赛,另一名儿童做裁判;裁判站在网柱后面,裁判两侧分别摆放七个标志盘用作辅助计分使用;比赛中每得一分,裁判报分数并将标志盘上的球向前移动一次,先得到七分的儿童获得比赛胜利。儿童轮流做裁判。

重点与难点

帮助儿童理解网球比赛的基本规则,并学会比赛的计分方式;确保儿童能够在使用各项击球技术时,握拍方式之间的灵活转换。

团队比赛:团队单打

将儿童分为 5～6 人一组,分别站在球场两侧的底线(如图 4.35),并每人手持一把球拍。两队各出一名儿童从发球开始进行对打(比赛开始时,教练指定一名发球者。随着比赛的进行,留在球场的儿童发球,新上场的儿童接发球)。丢分的儿童快速跑到胜利的队伍,获胜的儿童继续留在球场,继续比赛。在规定的时间内,哪一个球队人数多,就获得胜利。

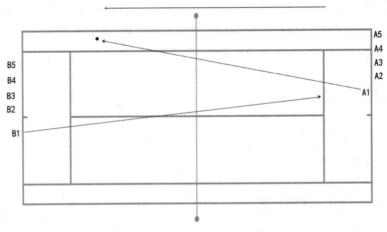

图 4.35　团队单打示意图

放松与恢复

让儿童将尽可能多的球收集到自己球拍拍面上,看谁收集的最多,并且能够在确保球不落地的情况下用球拍将球运送到球筐里面。

家庭作业

球拍接球　用球拍将网球尽可能高地向上颠到空中,尝试在没有反弹的前提下,用球拍将球直接接住。看一看自己能将球颠多高,能否直接用球拍接住球。

第五章 儿童网球 9～12 岁标准课程

本章内容为 9～12 岁年龄组的 8 个循序渐进的练习内容,包括学习正手和反手击球控制,学习发球,提高接发球的能力,网前截击和随球上网,学习高压球和挑高球技术,单打战术学习,双打练习,学习发球、接发球和对打的基本模式。在 78 英尺(约23.77 米)的标准网球场地上,使用 23～25 英寸的球拍击打绿色低压球。

一、儿童特点

这个年龄段的孩子拥有较长时间的注意力和耐心。他们仍然需要有趣的训练以及有激情且充满正能量的教练去鼓励他们。从身体上来讲,他们的动作技能有了很大程度的发展。他们变得越来越独立,对胜利和失败等概念的理解更加清晰,即使这样,仍需要教练帮助他们正确对待失败和成功。他们能够彼此分享,并喜欢融入团队。无论是身体上,还是思想和情感上,有一些儿童已经进入青春期,尤其是女孩子,所以这个时期的女孩子比男孩子成熟 1～2 岁。我们可以教授他们更多的技术,也可以教授一些双打的站位和战术。这个年龄段的儿童反应能力和预判能力有了很大提高,当发球或击打落地球时,身体的转动幅度更大了。他们的随机应变能力随着独立能力和自信心的提高也有了很大的进步,在努力训练方面和能力不足的地方需要更多的鼓励。他们都能够打得很好,并且喜欢和同性别的同伴在一起。他们能够接受成人的建议,并能够表达自己的想法和情感。

二、训练目标

① 讲解正手对打技术；介绍追踪、移动和击球点。强调方向、高度和深度。

② 讲解正手和反手对打技术；介绍反手击球和反手击球的击球点。强调方向、高度和深度。

③ 介绍发球和接发球；介绍基本的上手发球动作以及发球区的划分。强调接发球的站位和较短引拍。

④ 介绍截击技术，包括正反手截击球的技术以及截击的方向和深度。

⑤ 介绍网前高压球技术和底线的挑高球技术。

⑥ 介绍上网技术，教会儿童选择合适的时机移动到网前合适的位置，进行截击或高压。

⑦ 介绍基本的单打战术和击球后的合理站位。

⑧ 介绍双打发球和接发球时儿童的站位选择，及同伴之间的责任。

三、训练过程

教练创造积极的训练环境，教授有兴趣的课程内容，表扬积极努力和良好的训练态度。发展动作技术、培养球场位置感以及击球路线的选择，保持训练简单有效。这个阶段继续提高所有的网球基本技术，儿童应该开始决定哪种打法适合自己的技术和气质，并发展必要力量来建立自己的打球风格。

这些练习的目标是帮助儿童学会使用正手和反手击打落地球，进行基本的对打。为了实现这些目标，下面对许多技术进行了介绍，以便于儿童能够对打，并开始对单打和双打有一定的理解。对上手发球进行了介绍，接发球在这个阶段进行了强调。同样，对截击技术也进行了介绍。儿童也学会了从后场移动到网前进行随球上网的技术。每一项练习都会提高网球技术，同样也会促进儿童在不同网球比赛情景下的战术发展。击球的选择和球场的站位在这个年龄段介绍给儿童是非常有必要的，只有这样，儿童才能够更有兴趣地去训练和比赛。训练可归类为以下比赛情景，所有技术在比赛情景中进行介绍。

比赛情景 1：两人都在后场。这种情景就需要稳定的对打技术，主要是正手和反手击打落地反弹球。一旦儿童能够对打，游戏或比赛就可以进行。

比赛情景 2：发球和接发球。

比赛情景 3：一名儿童在网前，另一名在底线。对于网前儿童来讲，最重要的技术是截击和高压技术。底线儿童主要是连续击打落地球和挑高球技术。

比赛情景 4：随球上网技术。在底线向网前移动，回击一个短球，继续移动上网。

同样，在每节课前都列出了一个训练器材清单。对于 9～12 岁年龄组别的儿童来讲，每节训练课持续 90 分钟是完全可行的，每 30 分钟可适当休息一下。每节训练课包括训练主题，身体活动，技术回顾，新技能学习，与学习内容相关的游戏或比赛和家庭作业等。

主题1：学习正手和反手击球控制

球场尺寸：78英尺；

课程时间：90分钟；

所需器材：23～25英寸球拍、绿色低压球和标志盘等；

学习目标：学会正手和反手的击球控制。

热身运动

花样颠球　向下颠球；向上颠球，每次颠球前先让球落地一次；使用球拍边框向上颠球；向上颠球，球不落地；向上颠球，拍面两侧交替颠；向上颠球，在两侧拍面交替颠球中间，增加球拍边框向上颠球；坐在球场颠球；胯下8字颠球；球高高抛起，用球拍将球接住。

伸展接球　两名儿童相距1.5米左右的距离，面对面站立。其中一名儿童低手抛球，将球抛高、抛低或抛向同伴的身体一侧。同伴伸展将球接住，保持脚部在原地，并维持身体平衡（如图5.1）。

图5.1　伸展接球

团队传接球　这项运动提高了儿童反应能力、比赛意识和团队协作精神。四个标志帽围成一个20米×20米的正方形，儿童在这个区域平均分成两队。教练抛一个红色低压球到场地，抢到球的儿童，在同伴之间进行传接（如图5.2）。没有球的一队进行拦截球，每名儿童持球时间不得超过五秒钟。教练计时，两分钟后球在哪一个球队，哪个球队就获得比赛的胜利。

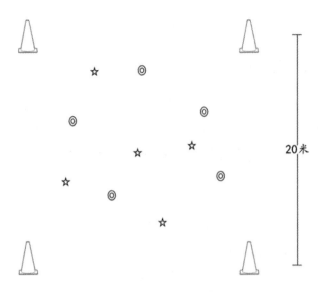

20米

图 5.2　团队传接球示意图

新技能学习:学习对正手和反手击球的控制

正手和反手击球练习　教练示范基本的正手和反手击打落地球的动作,强调由低到高的挥拍模式、侧身击球准备和如何转肩击球。两名儿童一组,进行正手和反手对打练习,确保他们练习教练示范的内容。确保儿童击打正手和反手球时,握住球拍拍柄的底端,使用合理的握拍方式能够在腰部高度完成击球。如果儿童使用双反击球,确保他们双手在球拍拍柄底部相互靠拢。

提高击球的控制能力　儿童需要理解使用多大力量进行击球,才能够将球击打到对面场地的中后场,且控制在底线以内。

对打练习　两名儿童一组,尝试将球打到对面场地的中后场。开始对打直线球,然后击打斜线球。确保他们使用正手和反手交替击球。

目标对打　在底线前 1.5 米左右的位置做一个标记。儿童使用标记作为目标,进行底线对打练习。

对打得分　两名儿童先相互配合对打四个来回,然后进入比赛模式。谁赢得对打就得一分,先得到七分的儿童获得比赛的胜利。确保儿童经常变换不同的对手。

重点与难点

鼓励儿童利用非持拍手臂带动转肩,这有助于向后的引拍更加充分;由低到高长挥拍,有助于将球打到对手的中后场;强调正确的正手和反手握拍;确保在身体侧前方击球，并强调儿童要移动到最佳击球区域。

团队比赛：集体对打挑战赛

将儿童分为每队四人，每个队伍使用一把球拍。儿童交替与对方队员进行对打。一分结束后，将球拍递给下一名同伴，继续与对面另一名儿童对打（如图5.3）。采用基本的"抢七"比赛规则，先得到七分的队伍获得比赛的胜利。

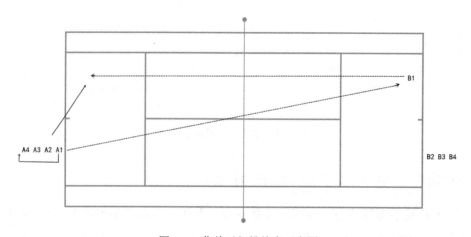

图 5.3　集体对打挑战赛示意图

放松与恢复

两名儿童一起，每人手持一把球拍，将尽可能多的球夹在两把球拍拍面上，并送回到球筐里面。看一看两人最多能夹住多少球。

家庭作业

左右手交替持拍击球　在球每次落地反弹后，用球拍将球向上击打到空中。击球后，将球拍经后背传递到另一只手上，继续向上击球。看一看在不失误的前提下，能连续向上击球多少次。

主题 2：学习发球

球场尺寸：78 英尺；

课程时间：90 分钟；

所需器材：23～25 英寸球拍、绿色低压球、篮球和标志盘等；

学习目标：提高上手发球时，击球的连贯性和精准性。

热身运动

传接地滚球　两名儿童相距 3 米左右的距离，面对面站立。持球的儿童 A 将球滚向同伴身体的任意一侧，同伴 B 迅速移动将球在两脚之间接住。接球时，保持腰部直立且屈膝下蹲。然后儿童 B 将球传到儿童 A 的身体任意一侧。循环进行练习，练习熟练后，可以同时传接两球进行同样的练习。

移动接球　儿童在球场内慢跑的同时，将球向上扔到空中，在球落地前将球接住。在接球前击掌（如图 5.4）。数一数在自己移动过程中能够击掌多少次。

图 5.4　移动接球

合作抛接球　两名儿童一组，使用篮球进行双手胸前传接球、双手头上前抛球和双手背后抛球等练习。练习时，确保双脚与肩同宽，膝关节弯曲，抛球时双腿充分蹬伸来提高投掷球的能力（如图 5.5）。

图 5.5　抛接球

技术回顾：正手和反手击球控制

　　两名儿童先进行四个回合的协作击球，然后展开一分的争夺。先得到七分的儿童获得比赛的胜利。

新技能学习：第一发球和第二发球

　　教练示范从底线发球到发球区的完整的速度较慢的发球动作。向儿童讲解，正式比赛的发球必须在底线后将球发到斜对面的发球区。每场比赛都是在平分区发球开始，发球者的下一个发球在占先区，平分区和占先区交替发球直到比赛结束。

　　隔网投球　　发球很像上手投掷动作，让儿童上手投掷将球投过球网，同伴在球落地反弹后将球接住，并将球投掷回来，确保儿童投掷时是侧身站位（如图5.6）。开始，两人站在发球线后进行投掷练习，熟练后，后退到底线后进行投接球练习。

图 5.6　隔网投球

　　抛球、触球和制动　　儿童在距离球网两步左右的位置侧身45度站位，将球拍放在身后，手臂弯曲，准备投掷。让儿童用非主导手将球向上抛起，持拍手向上充分伸展，球拍在击球点位置制动,球拍拍面指向发球区。确保儿童在击球点将球拍停住,这样能够看清楚击球点。

后退、发球和夹球　所有儿童后退到球网后四步左右的位置。让他们抛球、击球和随挥,将球打到斜对面的发球区。球落地反弹后,同伴用球拍和手将球夹住,以同样的方式进行发球。练习熟练后,两人逐步后退并重复以上动作,直到能够在底线后完整发球为止。

发球的连贯性和精准性　教练再一次示范发球前的站位以及球拍和球的位置。让儿童练习发球的连贯性,确保发球过网且落在正确的场地。然后练习击球的精准性,确保将球击打到指定的球场区域,可以在对面发球区的内外角和中路设置击打目标,让儿童发球击打指定的目标。

教练讲解发球时,通过变化击球点可以发出平击球、上旋球和侧旋球。可以指导儿童利用钟表作为发球参照(如图 5.7),尝试不同形式的发球。

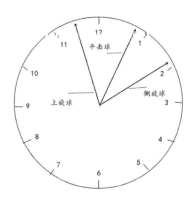

图 5.7　利用钟表作为发球参照

第一发球和第二发球　每名儿童在平分区和占先区各有两次发球机会。让儿童进行快速有力的第一发球;第二发球速度慢但确保击打到发球区。为了激励儿童有力发球,可以在发球练习中设置一种得分模式,给第一发球更多的分数。

重点与难点

这个年龄段的儿童在发球时有足够的能力转髋和转肩,这样他们可以更充分地引拍;解释发球的连贯性是第一目标,同样需要将球击打到不同的目标区域(内外角或中路球),来增加接发球者回击球的难度;示范发球后如何迅速准备接发球。

团队比赛:发球大战(如图5.8)

　　每组3～5名儿童。每名儿童有三次发球击打目标的机会(将三个目标设置在发球区的内角、外角和中路)。击中目标得两分,将球击打到目标之间得一分。数一数每名儿童能将多少球发到目标区域,能够得几分。在规定的发球时间内,团队得分最多的队伍获得比赛的胜利。

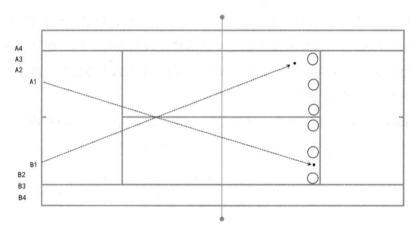

图5.8　团队发球大战示意图

放松与恢复

　　通过击打地滚球的方式,用球拍将地面上所有的网球击打到球筐附近,看谁击打的地滚球距离球筐最近。

家庭作业

　　球拍边框颠球　使用球拍两侧拍面交替颠球,数一数自己能够连续颠球多少个。用球拍边框向上颠球,数一数自己能够向上颠球多少个。

主题 3：提高接发球的能力

球场尺寸：78 英尺；

课程时间：90 分钟；

所需器材：23～25 英寸球拍、绿色低压球和标志盘等；

学习目标：进一步学习接球和挥击发球。

🎾 热身运动

追　球　两名儿童一组，一名儿童转身背对同伴，双脚开立与肩同宽屈膝站立。后面儿童传地滚球在前面同伴两腿之间穿过。同伴快速移动追球，尽快将滚动的球停下（如图 5.9）。

图 5.9　追球

翻转标志盘　每组 3～5 名儿童，两组进行翻转标志盘比赛（如图 5.10）。将 10 个标志盘随机放在球场，五个正面朝上，五个反面朝上。一组将正面朝上变成反面朝上，另一组将反面朝上换成正面朝上。在规定的时间内，看一看哪一组能获得比赛的胜利。

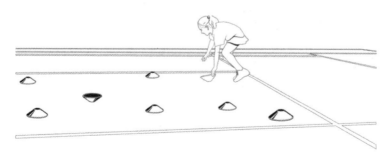

图 5.10　翻转标志盘

接落地球　两人一组,相距2～3步,面对面站立。一名儿童两臂侧平举,两手各拿一球,掌心向下。这名儿童随机放下一球,同伴在球落地反弹一次后,将球接住(如图5.11)。熟练后,接球者向后退一步,继续练习。练习五次后,两人互换角色。

图 5.11　抓落地球

🏸 **技术回顾:第一发球和第二发球**

首先练习发球的连贯性,接着练习发球的精准性。第一发球速度尽可能要快,第二发球速度慢一些,应确保将球击打到发球区内。

🏸 **新技能学习:接发球**

准备姿势与站位　教练示范接发球的站位,并展示接发球时的准备姿势——球拍在体前,拍头朝上,双腿屈膝(如图5.12),并向儿童解释如何追踪发球并对球的落点进行预判。示范在接第二发球时如何向前移动(通常第二发球速度较慢);在对手发球速度快时,如何进行短挥拍,以便有时间将球回击;以及将接发球回击到对手的什么位置,让对手接球困难。

图 5.12　准备姿势与站位

发球和接发球 三人一组,两名儿童交替进行发球,另一名儿童接发球。这样能够保证接发球儿童有足够多的接发球练习。在练习一定数量接发球后,三人位置互换。练习时,提醒接发球儿童注意:接发球站位的合理选择;第二发球主动向前移动;发球速度快时,接发球者使用短挥拍等。

发球与对打 两名儿童一组,从发球与接发球开始过渡到对打练习。两名儿童发球与接发球后进入比赛模式,看谁能赢得这一分。目的是鼓励儿童在发球和接发球之后继续将注意力集中到准备击打下一球上。

重点与难点

接发球者需要在球场站在恰当的位置,并且将球拍置于体前,拍头向上,大约肩部高度;儿童需要练习正手和反手接发球;对手发球速度快时,接发球要使用较短的引拍;击球点在身体的侧前方;发球和接发球后要迅速回到合适的位置,为下一拍球做好准备;接发球时,练习击打较深的斜线球;将注意力集中到接发球的连贯性和精准性上来。

团队比赛:冠军挑战赛

这项比赛至少需要四名儿童参与。两组儿童分别站到两侧底线后(如图 5.13)。一侧指定为冠军之队,另一侧命名为挑战者。两个队伍的第一名儿童(A1 和 B1)首先进行比赛,使用单打边线,先得一分者获胜。两人之间的胜者到冠军之队,失败者到挑战者之队。所有人按次序进行比赛,比赛从挑战者队伍儿童发球开始。在规定时间内,留在冠军队的儿童获得比赛的胜利。

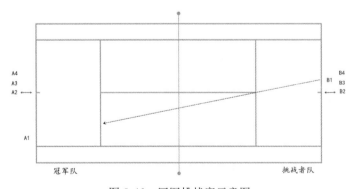

图 5.13 冠军挑战赛示意图

放松与恢复

所有儿童在球场内围成一个圆圈,听教练指令,变大或变小。当听到变大时,要充分地伸展自己,争取将自己变到最大;当听到变小时,将自己缩成最小。通过这项练习,来充分拉伸和放松。

家庭作业

移动抛接球　儿童在规定的区域内慢跑的同时,向上抛球,落地反弹后将球用双手接住,熟练后,用左手或右手将球接住。让儿童保持运动,并在不停地变换移动的方向中抛接球。

主题 4:网前截击和随球上网

球场尺寸:78 英尺;

课程时间:90 分钟;

所需器材:23～25 英寸球拍、绿色低压球和标志盘等;

学习目标:进一步巩固随球上网截击技术。

热身运动

协作抛接球　这项活动很像传接地滚球,但这次是儿童 A 低手向上抛球,经过地面反弹后,儿童 B 掌心向前,指尖向上,用单手将球抓住(如图 5.14)。要求儿童向两侧移动要迅速,重心要低,以便指尖向上将球抓住。很像网球的截击动作。然后,儿童 B 用低手将球抛给儿童 A,儿童 A 用同样的方式将球接住。练习熟练后,尝试同时抛接两颗球。

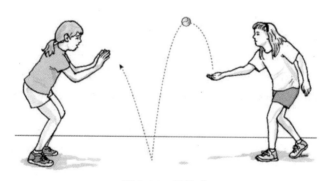

图 5.14　抛接球

捉人游戏　3～5 名儿童手拉手围成一个圆圈,另一名儿童在圆外,用手触碰指定姓名的儿童。围成圆圈的儿童手拉手转圈,尝试阻止圆外的儿童抓住指定的儿童。

抛夹球　儿童 A 手持球拍,用优势手握住球拍喉咙处,球拍与腰部位置齐平,拍柄底端顶在腰部位置。儿童 B 低手抛球,儿童 A 用非优势手将球固定到球拍拍面最佳击球点的位置(如图 5.15)。然后儿童 A 用球拍将球传回儿童 B。这是一项非常好的练习儿童移动到最佳击球位置进行击打落地球的热身运动。

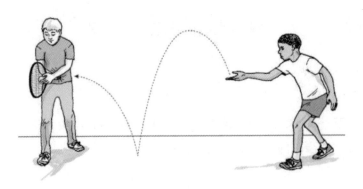

图 5.15　抛夹球

技术回顾：接发球

将儿童分为三人一组，两名儿童交替发球，另一名儿童接发球。练习一定时间后，进行位置互换。教练强调接发球儿童练习以下内容：接发球时的站位选择；第二发球时主动向前移动；使用正手或反手进行接发球；对于速度快的发球，接发球时要使用较短的引拍；尽可能回击斜线球。

新技能学习：网前截击

网前截击是比赛中，尤其是双打比赛中控球球场主动权的常规技战术。掌握截击技术可以丰富自己的击球选择，使得自己的技战术更具多样性。

截击基本技术练习　首先，教练示范截击的基本技术，要求截击时拍头向上，并向前移动，确保球落到对方场地。然后将儿童分为两人一组，隔网相距 2 米左右的距离，进行抛球与截击练习。截击时同时移动手臂和球拍，这样就可以将腕部固定，增加截击的稳定性。正手截击（如图 5.16）和反手截击（如图 5.17）交替练习。

图 5.16　正手截击

图 5.17　反手截击

击打落地球　儿童 A 站在网前,儿童 B 站在对面发球线后。儿童 B 击打一个落地球给网前的儿童 A。儿童 A 截击将球打给儿童 B。儿童 B 用球拍和非持拍手将球夹住。五次练习后,双方互换位置。这项活动如果开始使用红色球或橘黄色球是很简单的,随着掌握的熟练程度不断提高,可以使用绿色球进行练习。

随球上网截击　有效击打浅球能够使儿童从后场(在后场击打出的球要么势均力敌,要么被动防守)移动到网前(网前球更具有攻击性或一拍制胜)。比赛场景是一名儿童在后场,另一名儿童选择时机从后场迅速移动到网前一拍制胜。

新技能学习:随球上网

让所有儿童在底线依次做击球准备,教练站在对面发球线和球网之间。教练低手送一颗浅球,第一名儿童快速向前移动,侧身击打正手或反手落地球。然后儿童快速移动到发球线和球网之间,面向球网做一个分腿垫步的截击准备姿势,这样儿童能够快速向左或向右移动。教练可以标记儿童需要做分腿垫步的区域,通过标记强调儿童站位的位置感。

移动上网并截击　教练在球网对面送一颗浅球,儿童移动向前,击打一个随球上网落地球,然后继续向前移动,在发球线和球网之间做一个良好的截击准备姿势(如图 5.18)。教练抛第二颗球,儿童进行截击,将球击打到对面的场地。

图 5.18　移动上网截击

🎾 重点与难点

网前截击时,儿童要保持足够的注意力,并对来球快速做出反应;保持球拍拍头向上,以便于球拍随着身体向前移动,将球击打到对方场地;在随球上网时,提醒儿童将浅球回击到对方场地的中后场,以便向前移动准备截击或高压。

🎾 团队比赛:双打挑战赛

这项比赛需要6～8名儿童参与。指定的冠军(B1和B2)接受对面儿童的挑战,冠军队和挑战者儿童(A1和A2)分别站在两侧底线后做准备(如图5.19)。

挑战者与目前的冠军进行三分的争夺。第一分,教练送一颗短球到挑战者一侧,挑战者击打随球上网球,并移动到网前,展开一分的争夺;第二分,教练继续送给挑战者队一个可以截击的网前球;第三分,教练给冠军队一个底线球,展开最后一分的争夺。如果挑战者队赢得三分中的两分或三分,挑战者队取代目前的冠军队,成为新的冠军。失败的一方回到挑战者一侧。如果冠军队赢得比赛,继续接受其他挑战者的挑战。

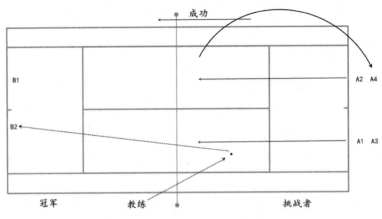

图5.19 双打挑战赛示意图

🎾 放松与恢复

让儿童绕场地慢跑,在慢跑的同时向前挥动自己的手臂。绕球场一圈后,接后退跑,同时向后挥动自己的手臂。

🎾 家庭作业

击打指定目标 将五个呼啦圈摆成一排,放在距离自己三米远的地方。让同伴或父母指定目标,进行低手投掷目标练习。数一数能连续击中几次指定目标,能否用上手投掷进行练习。

主题 5：学习高压球和挑高球技术

球场尺寸：78 英尺；

课程时间：90 分钟；

所需器材：23～25 英寸球拍、绿色低压球和标志盘等；

学习目标：1. 向网前球员介绍高压球技术；2. 当对手在网前时，向中后场球员介绍挑高球技术。

热身运动

多样绳梯练习　在绳梯上做不同形式的步法练习，向前跑、侧身跑、单脚跳和双脚跳等。也可以让每一名儿童在绳梯上带领大家做一种动作，同伴跟随模仿。绳梯训练是提高儿童身体协调性和灵敏性最有效的方法之一，也是儿童非常喜欢的一项体能训练方式。

抛火球与传接球　儿童 A 手持球拍，用优势手握住球拍喉咙处，球拍与腰部位置齐平。儿童 B 低手抛球，儿童 A 用非优势手将球固定到球拍拍面最佳击球点的位置。然后儿童 A 用球拍将球传回儿童 B。这是一项非常好的练习儿童移动到最佳击球位置，进行击打落地球的热身运动。

追踪接球　这是一项有趣的判断球飞行轨迹的运动，是儿童准备击打高压球的很好的练习。儿童 A 击打弧度高的球到对面场地，对面场地的儿童 B 手拿锥形帽，儿童 B 在球落地前尝试用锥形帽将空中的球接住。练习五次后，两人互换位置，继续练习。

技术回顾：网前截击技术和随球上网技术

两名儿童一组，在底线进行对打练习，在练习过程中，当出现浅球时，要求儿童随球上网击球，快速移动到网前做截击准备并进行截击。

新技能学习：学习挑高球和高压技术

（1）挑高球

挑高球就是击打一个落地反弹球，并让球以很高的弧度落到对面的场地。通常在接球儿童失去位置时使用，挑高球使得接球儿童有足够的时间回到合适的击球位置，同时也延缓了对手的击球时间。同样，在对手站在网前时，也可以使用挑高球技术。目标是将球挑过网前的儿童,使得他不得不回到自己的后场进行下一拍的击球。

挑高球练习　教练示范当对手移动到网前时,如何击球越过对手到后场(如图5.20)。让儿童站在发球线和底线之间进行对打练习,球落点在发球线附近,但击打出去的球比正常击打落地球有更高的弧度。因为挑高球落地后有很高的反弹,儿童不得不向球场的后场移动,以便能够在击球点击球。使用正手和反手交替练习。伴随着儿童对球的控制能力的提高,让儿童在底线后继续练习。

图 5.20　挑高球

送球、挑高球和接球　将三名儿童分为一组,儿童 A 在网前送球,儿童 B 在对面后场挑高球,儿童 C 站在送球儿童 A 一侧的后场。儿童 A 将球送到后场,儿童 B 挑高球,越过送球儿童 A 到儿童 C,儿童 C 将球接住。练习一定时间后,进行位置轮换,继续练习。

(2)高压球

高压球一般在对手挑高球的时候使用。击打高压球时,儿童必须移动到准确的位置,这样他们能够向发球一样去击打高压球。他们必须有足够的时间去做挥拍,来击打下降的网球,以便充分伸展手臂和挥动球拍。

接高球　儿童 A 在网前做截击准备动作,儿童 B 在底线和发球线之间站位。儿童 B 击打挑高球到网前儿童 A,儿童 A 迅速移动到球的下面,手臂充分伸展用手将球接住。练习五次后,两人互换位置,继续练习。

击打高球　接高球练习熟练后,网前球员手持球拍做好击球准备,后场球员挑高球后,网前球员移动到位,手臂充分伸展进行挥拍击球(如图5.21)。将球击打到对面场地后,球拍随挥到身体的另一侧,后场球员用球拍和手将球夹住。等两名儿童都掌握了这项技术后,看一看能否连续进行挑高球和高压球的练习。

图 5.21　击打高球

重点与难点

　　当一名儿童在后场,另一名儿童在网前时,通过挑高球可以使后场球员有时间回到合适的位置,也可以迫使网前球员退到后场,减少了对手可攻击性区域。如果挑高球非常高,球落地反弹后进行高压是很好的选择;弧度较高的挑高球可以保证球越过网前球员;当在后退过程中进行高压时,交叉步或侧并步要比后退跑的效果好很多;高压球的击球点同发球一样。

团队比赛:双打挑战赛

　　两组选手按照经典的双打站位模式进行比赛(如图 5.22)(A1 为发球者,A2 为发球者的搭档;B1 为接发球者,B2 为接发球者的搭档)。比赛以发球和接发球展开一分的争夺,但只有在击打高压球或挑高球到对方场地,且对方没有将球打回来的时候才能得一分,先得到七分的队伍获得比赛胜利。

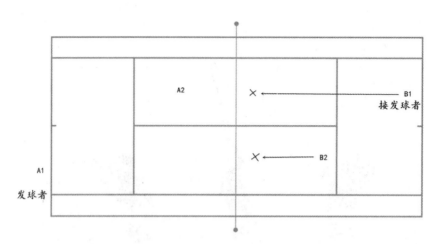

图 5.22　双打挑战赛示意图

放松与恢复

　　两人一组收集尽可能多的球,搭建更多的"金字塔"(共四颗球,三颗在地面组成三角形,在三角形上面摆放一颗球)。看看哪一组搭建的"金字塔"最多。

家庭作业

　　转身接球　两人一组进行这项练习,两人保持适当距离,面向同一方向前后站立,后者向上抛球并喊出同伴的名字。同伴转身,迅速移动到球,并在球落地反弹后将其接住。练习 3～5 次后,互换角色继续练习。

主题6：单打战术学习

球场尺寸：78英尺；

课程时间：90分钟；

所需器材：23～25英寸球拍、绿色低压球和标志帽等；

学习目标：学习在单打比赛中如何调动对手。

🎾 **热身运动**

　　随机颠球 让儿童围成一个圆圈，每人手持一把球拍，教练抛绿色低压球到圆圈里面，儿童交替就近用球拍向上颠落地反弹球，就像多人围成圈踢毽子一样。三分钟后，所有儿童向前一步，让球保持在空中，随机就近向上颠球。颠球时，为了防止球拍发生碰撞，颠球的儿童可以大声喊："我的！"练习的目的是培养团队协作精神和提高对球的控制能力。

　　手触锥形帽 将6～8个标志帽在球场上面摆成一条直线，两两相距2米左右的距离。让所有儿童依次进行多种方式的绕标练习，向前绕标、后退绕标和侧身绕标等。绕标时手掌轻触标志帽（如图5.23），保持身体平衡，头部正直，两眼目视前方。

图5.23　手触锥形帽

　　抛接两球 儿童手持两球，同时低手上下抛两球给同伴，同伴在球落地反弹一次或两次后将球接住。要求接球时，掌心向前，指尖朝上，膝关节弯曲，身体重心降低，腰部直立（如图5.24）。熟练后，看一看能否在球不落地的前提下，在空中同时将两球接住。练习一段时间后，两人互换位置，继续练习。

图 5.24 抛接球

🎾 技术回顾：学习挑高球和高压技术

两名儿童一组，一名儿童在后场，一名儿童在网前。后场儿童挑高球，网前儿童进行高压击球，看看能连续对打多少个回合。

🎾 新技能学习：学习单打战术

儿童已经学习了击打落地球、截击、发球和接发球，是时候增加一些单打战术了。单打中的最简单战术就是不失误，在对打之中尽可能比对手多打一拍，将球回到对方场地。这项战术需要击球的连续性和耐心。

确保球在对打之中　儿童在两侧底线对打，数一数能够连续打多少回合。开始可以使用红色球或橘黄色球，并在发球线后进行对打练习。熟练后移动到底线后使用 78 英尺球场和绿色低压球进行对打练习。

调动对手左右移动　在发球线前两侧放置不同颜色的标志（如图 5.25），儿童使用红色球或橘黄色球在发球线后对打，在将球击打出去之前，将击打目标的颜色喊出来。儿童可以使用正手和反手击打落地球，在击球后必须快速回到球场中间位置。熟练后，儿童可以在 78 英尺的标准球场上使用绿色低压球进行对打练习，并将标志移动到底线前两侧位置。

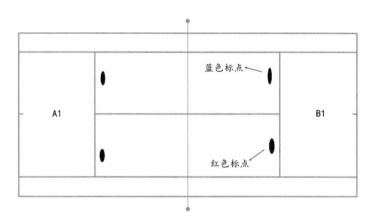

图 5.25　调动对手左右移动示意图

调动对手前后移动　放置两个不同颜色的标志,红色的在球网和发球线中间,蓝色的在发球线和底线中间(如图 5.26)。儿童使用红色或橘黄色低压球进行练习,在击球前喊出击打目标的颜色。儿童在每次击球后必须回位到较深的标志后面。熟练后,将标志后移,使用 78 英尺的标准场地和绿色低压球进行练习,提醒儿童在每次击球后回位到底线后中间位置。

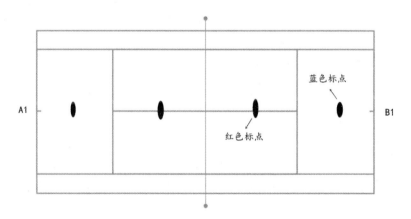

图 5.26　调动对手前后移动示意图

指定区域对打　两名儿童一组进行对打,确保击球不落在球场的中间位置(如图 5.27)(用粉笔或标志盘将中间位置进行标注)。如果球出界或落在中间位置,就丢掉这一分,先得到七分的儿童获得比赛胜利。

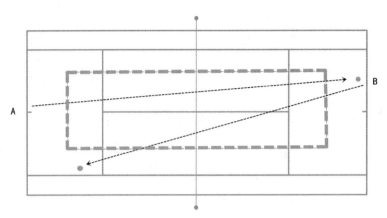

图 5.27　指定区域对打示意图

不同比赛情景练习

两名儿童一组,其中一名儿童模拟比赛情景,另一名儿童通过合理战术对策与同伴进行对打。

情景 1:对手击球速度快,但有很多非受迫性失误

战术对策:通过击打深的直线球或击打深的斜线球保持连续对打,等待对手出现失误。

情景 2:对手击球较短

战术对策:选择时机击打随球上网球,并移动到网前,通过截击或高压结束这一分。

情景 3:对手拥有强大的正手攻击能力

战术对策:将尽可能多的击球打到对手反手一侧。

情景 4:对手体能较差

战术对策:保持球始终处于对打状态;一分持续的时间越长,体能好的一方更有机会赢得这一分。

重点与难点

指导儿童根据自身站位和对手站位做出最佳击球选择(浅球、深球、斜线球或直线球)。强调观察对手的站位,尝试将球击打到距离对手较远的地方。

团队比赛:单打之王

这项比赛由挑战者挑战指定的冠军。指定一名儿童 A1 作为冠军,站到一侧底线

后。挑战者站到另一侧的底线后,排队进行挑战。第一位挑战者 B1 站在底线后,击打落地球或发球到 A1,进行对打比赛。如果 B1 先得分就是冠军,就站到冠军底线一侧(如图 5.28)。如果 A1 先得分,就继续接受 B2 的挑战。作为变化,冠军与挑战者进行三分球比赛,挑战者赢得两分或三分才能成为冠军。

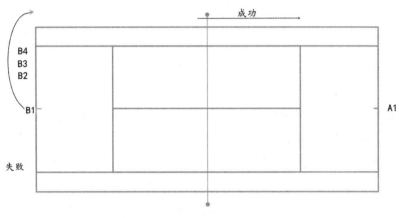

图 5.28　单打之王示意图

🏸 放松与恢复

慢跑过程中,将球场内地面上的球捡起来放到球筐里面,要求每次最多捡四颗球,直到球场内所有球都收集起来为止。

🏸 家庭作业

颠旋转球　用球拍颠球的同时,用拍线给球一个摩擦,让球离开球拍时旋转,看一看能否连续向上颠起 30 个旋转球。

主题7：双打练习

球场尺寸：78英尺；

课程时间：90分钟；

所需器材：23～25英寸球拍、绿色低压球和标志盘等；

学习目标：学习双打的基本原则。

热身运动

球拍抛接球 将网球放到拍面上，维持平衡。儿童在球场内自由移动的同时，确保拍面上的球不落地。当听到教练喊，放球！儿童将球拍上的球落下，落地反弹后，用球拍将球接住。开始，可以用非持拍手和球拍将球夹在拍面上。随着练习的熟练，可以只用球拍拍面将球控制住。然后，继续移动，听到教练喊，放球！继续进行练习。

慢跑接球 儿童在规定的区域内慢跑的同时，向上抛球，落地反弹后将球用双手接住，熟练后，用左手或右手将球接住。让儿童保持运动，并不停地变换移动的方向。

快速启动练习 儿童在标志帽1，面向标志帽2做好跑动的准备姿势，听到教练的指令后，快速启动以最快的速度跑到标志帽2，停住后接着做准备姿势。在标志帽2听到教练指令，快速跑动到标志帽3，并围绕标志帽3移动后快速到标志帽4。在标志帽4绕圈后侧滑步到标志帽1（如图5.29）。

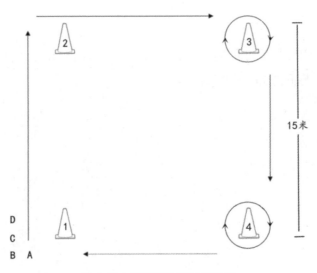

图5.29 快速启动练习示意图

🎾 **技术回顾：在单打比赛中调动对手**

两名儿童按照"抢七"的比赛规则进行单打比赛，先得到七分的儿童获得比赛的胜利。经常变换对手，学习对手的长处，发现自身的不足，进一步改进和提高。

🎾 **新技能学习：双打比赛的基本原则和发展双打比赛的能力**

示范与讨论双打比赛的基本原则 示范双打队员的球场站位选择（发球者、发球者的搭档、接发球者和接发球者的搭档）（如图 5.30）；并与儿童讨论双打击球防守线路的选择，指出对手防守的薄弱区域。以发球或击打落地球开始比赛的第一分。经过一段时间练习后，所有儿童轮换到新的位置继续更多的练习，直到所有儿童都进行了不同位置的练习为止。

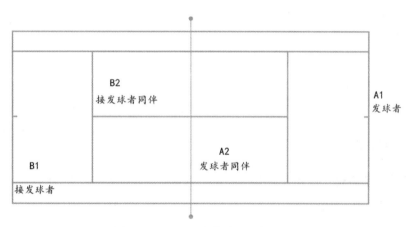

图 5.30 双打比赛的球场站位

强化双打站位并提高沟通技能 发球者尽可能将球发到球场中间位置；接发球者回击发球时，尽可能避开网前选手；发球前，发球者要与同伴密切沟通，两人协作移动，以便控制球场优势；儿童应该通过更多的双打比赛来练习和提高这些技能。

🎾 **重点与难点**

强调发球儿童的站位在中点和双打边线中间，以便将球发到对面球场的中间位置；强调接球儿童在回击来球时，一定要避开对方网前队员；示范通过与同伴之间协作移动来减少被对方攻击的可能区域。

🎾 **团队比赛：团队双打**

这项比赛至少需要 6～8 名儿童参与。四名儿童站立在双打比赛的常规位置，教练指定一侧儿童发球,另一侧儿童接发。比赛以发球或击打落地球开始。结束一分后,底线的儿童轮换到网前,网前的儿童到底线队伍后面,另一名排队的儿童站到底线后。例如,A1 移动到 A 队的后面,A2 移动到网前,A3 站到底线(如图 5.31)。按照这个顺序进行轮换比赛,先得到 7 分或 11 分的队伍获胜。教练指定一侧的儿童承担全部的发球,所有的发球都是在平分区进行。

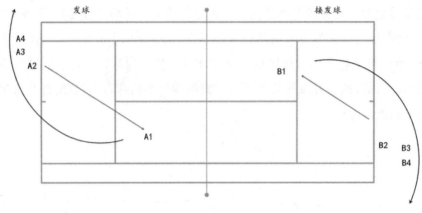

图 5.31　团队双打示意图

放松与恢复

每名儿童将自己尽可能伸展得更高,并用脚尖向前走,直到教练喊停为止。重复练习数次。

家庭作业

花样跳绳　双脚交替跳绳 10 次,紧接着向身体一侧移动的同时跳绳 10 次,向后移动的同时跳绳 10 次,原地双脚跳 10 次。保证跳绳的连续性,上下肢协调摆动来控制跳绳的速度。

主题 8：学习发球、接发球和对打的基本模式

球场尺寸：78 英尺；

课程时间：90 分钟；

所需器材：23～25 英寸球拍、绿色低压球和标志盘等；

学习目标：进一步提高发球、接发球和对打的基本模式。

🏸 热身运动

单人颠球　每名儿童一把球拍，保证球不落地的前提下，连续向上颠球，将球颠到头部水平高度；也可以两名儿童一组，交替向上颠球。

夹球与击球　两人一组，相距 3 米左右的距离，儿童 A 左右手各持一把球拍，儿童 B 手拿一颗网球。持球的儿童 B 低手抛球，持拍儿童 A 在球落地反弹后，使用球拍将球夹住。夹住球后，将球在球拍之间落下，并将球击打给抛球者。鼓励夹球的儿童在身体一侧夹球，侧身的目的是能够更容易夹球和侧身击球。成功练习五次后，互换位置。

绕"8"字练习　每名儿童将两个标志盘相距 3 米摆放到球场合适的位置（如图5.32）。儿童绕两个标志盘快速向前、向后和侧身绕"8"字移动。

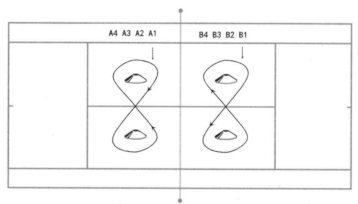

图 5.32　绕"8"字练习示意图

🏸 技术回顾：双打的基本原则

儿童之间采用"抢七"的比赛规则进行双打比赛。要求儿童在球场内有良好的站位意识并与同伴之间有积极的沟通和交流。

🏸 新技能学习：学习基本的发球、接发球和对打模式

击球序列练习　让儿童提前思考和计划他们的击球；示范发球、接发球、第三拍和

第四拍击球序列,让他们理解这些击球是衔接在一起的。发球儿童应该思考如何准备击打第三拍击球,接发球儿童应该思考如何打好第四拍击球。让两名儿童进行击球序列练习,强调提前准备和移动的重要性,确保儿童在击球后尽早为下一次击球做好准备。

巩固提高　两名儿童进行发球、接发球、第三拍击球和第四拍击球后,展开一分的争夺。进一步强调击球前准备和移动的重要性。

🎾 重点与难点

确保儿童理解击球准备的基本原则和提前做好下一拍击球准备的重要性;示范发球、接发球、第三拍击球和第四拍击球,让儿童理解击球序列的基本原则。

🎾 团队比赛:得分大战

将五名儿童分为一组,组与组之间进行比赛(如图5.33)。规定好先发球的队伍,每名儿童按顺序各击打一拍。如果对打在五名儿童都击打一拍前结束,就从未击球的儿童重新开始。目标是连续对打开始的四拍击球。在第五拍击球终结比赛的队伍可以得到五分。如果在第五拍击球结束后,对打还在继续,能够赢下这一球的队伍可以得到两分。赢得这一拍的队伍发球,先得到25分的队伍获得比赛的胜利。

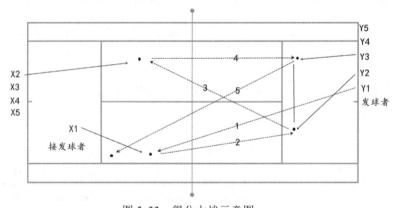

图5.33　得分大战示意图

🎾 放松与恢复

用尽可能快的速度将球场内的球收集到球筐里面,并进行简单的拉伸活动。

🎾 家庭作业

上手投掷　在距离自己5米远的地方摆放一个直径一米的呼啦圈,用上手投掷10颗球,数一数自己能投中目标几次。为了增加挑战性,站到距离呼啦圈10米的地方,还能上手将球投掷进去吗?

提高篇

儿童网球的基本技战术及其练习方法

第六章 儿童网球的基本技术及其练习方法

网球运动的基础——击球、握拍、站位、步法——是比赛成功的关键。随着儿童不断地练习,他们会提高对比赛的控制能力。作为教练,应该熟悉如何握拍、使用何种挥拍模式以及哪一种步法更有效。同样,根据生物力学的基本原则,教练应该鼓励儿童在正确的动作范围之内发展自己的击球风格。本章主要介绍了儿童网球的握拍技术、儿童网球的挥拍模式、对网球和球拍的控制和儿童网球的基本击球技术等,还介绍了对应的练习方法。通过本章内容的学习,相信儿童网球技能水平会有明显的提高。

一、儿童网球的握拍技术

教练在教授儿童网球的不同握拍方式之前,要确保儿童理解如何握住球拍(如图 6.1)。儿童应该握住拍柄底端,中指、无名指和小拇指放在拍柄的底部,大拇指与中指部分叠加。食指和其他手指自然分开,位于手柄的上面(单手握拍及双手握拍的基本方法见表 6.1 和表 6.2)。

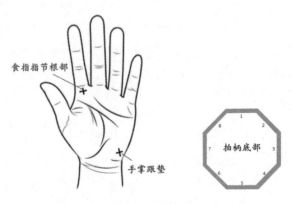

图 6.1 如何确认一种握拍方式

表 6.1　单手握拍的基本方法

单手握拍	右手握拍球员		左手握拍球员	
	食指指节根部	手掌跟垫	食指指节根部	手掌跟垫
大陆式	2	1～2	8	1～8
东方式正手	3	2～3	7	7～8
东方式反手	1	1～8	1	1～2
半西方式正手	4	4	6	6
半西方式反手	8	8	2	2
西方式正手	5	5	5	5

表 6.2　双手握拍的基本方法

双手握拍	下手		上手		下手		上手	
	食指指节根部	手掌跟垫	食指指节根部	手掌跟垫	食指指节根部	手掌跟垫	食指指节根部	手掌跟垫
东方式正手 / 东方式正手	3	2～3	7	7～8	7	7～8	3	2～3
东方式正手 / 半西方式正手	3	2～3	6	6	6	6～7	4	4
东方式正手 / 西方式正手	3	2～3	5	5	7	7～8	5	5
东方式反手 / 半西方式正手	1～8	8	6	6	1～2	2	4	4
大陆式 / 东方式正手	2	1～2	7	7～8	8	1～8	3	2～3
大陆式 / 半西方式正手	2	1～2	6	6	8	1～8	4	4
大陆式 / 西方式正手	2	1～2	5	5	8	1～8	5	5

通常网球运动员很少关心机械式的握拍方法,他们只想使用球拍进行击球,而不是每次思考使用何种握拍方式进行击球。对于儿童来讲,教给他们一种简单的握拍方法是十分必要的。随着球拍科技含量的不断提高和位于不同的比赛场地,在比赛中运动员不可能使用一种握拍方式。儿童应根据球弹跳的高度、速度和击球的轨迹选择一种实用的握拍方式。同样,儿童击球时所处的位置(底线、中场或网前)也是决定握拍方式的重要因素。

因为在比赛中儿童有多种握拍方式,所以他们需要理解如何在一分之间快速转换握拍方式。握拍方式的变换通过非持拍手协助来完成。儿童的非持拍手轻轻托在球拍的拍颈处,伴随着转肩,儿童用非持拍手将球拍转到合适的握拍方法。同样,非持拍手在两次击球之间起到平衡球拍和让持拍手休息的作用。

大小不同的手掌和形状不一的拍柄,很难有一个标准的握拍方式。在教练的帮助下,儿童要尝试找到适合自己在不同情形下的握拍方式。每次击球需要决定何种握拍方式能够更好地击球。球的速度、弹跳的高度和旋转都是选择合理握拍的重要影响因素。握拍方式在不同技术中的应用见表 6.3。

表 6.3　主要握拍方式在不同技术中的应用

握拍方式	对应的击球技术
东方式正手握拍	正手击落地球(平击球和上旋球)、发球、正手截击、高压
半西方式正手握拍	正手击落地球(平击球和上旋球)、正手抽击式截击
西方式正手握拍	正手击落地球(上旋球)和正手抽击式截击
大陆式握拍	正手和反手切削球、发球、正手和反手截击、高压
东方式反手握拍	反手击落地球、发球(上旋球)、反手截击
半西方式反手握拍	反手击落地球(上旋球)、反手抽击式截击
双手反手握拍	反手击落地球、反手截击、反手抽击式截击

二、儿童网球的挥拍模式

儿童如果想在比赛中取得较好的成绩,击球的风格也是一项很重要的因素。有多少儿童使用夸张的向后引拍或很大的随挥?这些不会打出制胜分,更多的时候是出现非受迫性失误。

(一)引拍技术

有三种基本的网球后引拍的方式:直线式引拍、钟摆式引拍和弧形引拍。这三种引拍方式各有优势和劣势,所以儿童应根据场上形势使用不同的引拍方式。例如,在硬地上,短引拍是很好的选择,采用直线式挥拍模式是明智的。但在慢速场地上需要主动发力,一个较长的向后引拍通常更好。

1. 直线式后引拍

直线式引拍对于网球初学者来讲相对容易,在大多数情况下,手腕可以得到很好的控制。使用这种挥拍模式,由低到高击打落地球可以使初学者减少击球误差。对于中级水平的儿童来讲,击打上升期的落地球也变得相对容易。

2. 钟摆式后引拍

对于大多数运动员来讲,钟摆式后引拍结合了控球和力量的优势。作为教练,可以向你的儿童推荐这种挥拍模式。当然,有些儿童可能更喜欢其他挥拍模式,也应该被鼓励。

3. 弧形式后引拍

弧形式后引拍是目前比较流行的引拍方式。这种引拍可以使拍头产生很大的速度,通过增加球的旋转完成对球的控制。如果在硬地场或对方击球速度很快,弧形引拍动作要短。在像红土场这样的慢速场地,儿童有足够的时间做击球准备,弧形引拍在产生击球力量的同时,在控制球的上旋方面也是完美的。

不管使用哪种引拍方式,关键是避免过度后引拍。过度引拍经常发生在正手一侧。如果在准备击球时,引拍过大,会导致击球点过晚,对球的控制变得非常困难。引拍要尽可能早一些,确保在身体侧前方击球。对于大多数儿童来讲,一般使用短引拍和紧凑的挥拍。因此,当教练在教授挥拍模式时,从短的引拍逐步过渡到较长的引拍是最好的选择。当儿童掌握了他们使用的挥拍模式后,就可以介绍击球的节奏和流畅性。对不同速度的来球和不同的旋转,需要日复一日的练习。基本落地球技术是达到连贯性击球的入场券。

（二）移动技术

网球是一项需要不停折返的运动。如果儿童不能抵达最佳击球区域,一个极好的挥拍模式可能没有任何意义。在很多运动项目中,奔跑时通过摆动手臂来产生动力。网球运动有所不同,要求儿童在跑到击球点时,上半身保持动态平衡状态。水平较高的球员,会摆动手臂产生动力,但接近击球点做击球准备时,他的上半身是保持静止的。

1. 步法

步法是一种预判对手击球、移动到球和击球时保持身体平衡的艺术。在准备阶段,两脚开立,与肩同宽,膝关节适当弯曲,身体保持平衡,来击打来自不同方向的球。当准备下一拍击球时,膝关节微曲,降低身体重心,以便做好击球准备。对来球做出快速反应和产生动力的最好方式是使用分腿垫步,当对手引拍准备击球时,就应该做分腿垫步的动作。

2. 平衡和回位

伴随着对手击球,儿童在对来球做出反应时,必须保持身体平衡。在移动到球的过程中,可以从迈大步开始,到击球区域附近时逐步缩小步法。使用小步法转肩移动到击球点,这样击球后回位变得相对容易。许多初学者在击球时,会有腰部弯曲的错误产生,这使得他们身体重心产生移动,失去平衡,进而导致他们用手臂击球而不是用身体作为动力链。这样就没有了腿部、髋部或肩部的发力。使用身体作为动力链,儿童必须靠近来球,这样可以使力量通过脚部蹬地产生,并通过腿部传递到髋部,通过转肩传递到球拍上的击球点。完成击球后,很多儿童对刚刚击打出球停止做准备,这样就失去了回到对手可能击打来球的合理位置的动力。所以教练务必强调击球后接着准备下一拍的重要性。

(三)站位技术

当击球时,有三种击球站位方式可以选择使用。

1. 开放式站位

在球员使用西方式握拍或半西方式握拍时,这种站位方式使用的较多,可实现最大幅度的全身旋转,整个腰腹完全拉紧,就如弹簧一样,拉紧后的力量更大。开放式站位(包括半开放式站位)(如图6.2)的整个身体旋转的角度相比平行式、关闭式更大,所能产生的球的旋转更多。球的旋转是靠击球后的随挥动作产生的,随挥动作向上的幅度越大,旋转就越多。随挥动作向前的幅度越大,线动量向前的力量就越多。开放式站位要求整个下半身和重心发挥更大的力量和柔韧性,并且开放式站位的击球点更靠近身体。但这种站位方式增加了维持身体平衡和身体重心转移的难度。

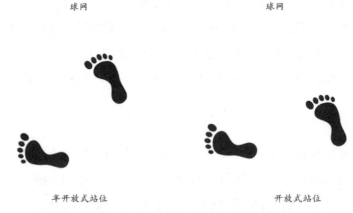

图6.2　半开放式站位与开放式站位

2. 关闭式站位

这种站位(如图6.3)经常被运动员在双手反手击球的时候使用。由于身体结构的原因反手采用关闭式站位更容易使肌肉达到最佳的长度以便发力。

3. 平行式站位

对于儿童保持身体平衡和力量传递来讲,平行式站位(如图6.3)是简单有效的。这种经典站位确保了良好的重心转移和利于侧身击球。平行式站位也是最容易学习的站位方式,这种站位的击球点距离身体较远,产生的线动量更多,也就是说向前的力量要远远多于开放式站位。这种站位击球点靠前,加快了进攻的频率,压缩了对方的击球准备时间。

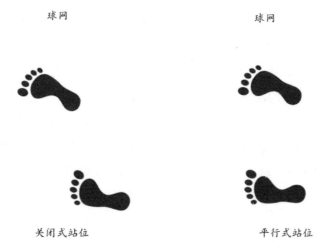

图 6.3 关闭式站位与平行式站位

实际上,各种站位并没有完全的区别,只是在初学时,平行式站位更加容易学习。随着儿童年龄的增长,在身体的协调、柔韧性和灵敏性等身体素质进一步提高后,开放式站位也可以加到自己的"武器库"中。没有一个站位是绝对的,应根据球场的类型(硬地、草地或红土场地),想要击打球的变化(速度和旋转),以及击球所处的环境(进攻性或防守性)来决定到底该用何种站位来击球。

三、对网球和球拍的控制

网球是一种双方相互限制的运动。球网和球场内的各条线(边线、底线、发球线和中线等)是最大的击球障碍。当儿童击球时,若不能对来球有效控制,再大的力量也是徒劳的。当儿童到达击球区域,并准备好击球时,也就接近成功了。对于击球来讲,对网球和球拍的控制涉及五个方面的因素:控制挥拍速度、控制击球点、应用旋转来控制球、利用拍面控制球的方向、随挥动作。

(一)控制挥拍速度

球拍拉开准备拍头加速的时候,腿部和髋部要发力。在这时,儿童要让球和身体保持适当的距离,以便于肩部和手臂很舒适地挥拍到击球区域。如果击球时,球拍准备得很充分,那么就提高了击球成功的可能性。要让儿童理解,击球力量来自合理的时机和击球节奏,并不仅仅是手臂速度。控制好球拍拍头加速度将会决定击球的成功率。

（二）控制击球点

击球点是网球运动员击球时，网球拍与网球相接触那一点的位置。也就是在球拍击球的一瞬间，球拍和球的接触点距离地面的高度和距离身体的距离。究竟如何判断最佳击球点呢？在网球比赛中，职业网球运动员总会尽可能地将来球调控在最理想的位置上击出。这个理想的击球点，就是动作、力量、控制最大限度发挥的位置，我们把它叫作"最佳击球点"。第一预判要准确，第二步法要到位，只要做到了这两点，才能保证在最合适的位置击球，"最佳击球点"才有保障。如果击球时间过早或过晚，击球点过高或过低，太靠近身体或太远离身体，击球者都将失去击球应有的节奏感、精确性和稳定性。当在身体附近的"最佳击球点"上将球击出，就会感觉轻松自如，得心应手。

在确定了的"最佳击球点"之后，下一步就是要努力使自己在每一次击球时处于合适的位置，这就对击球者的脚步提出了要求。对于很低的来球，要在它下落得更低之前快速移动到击球区域；对于很高的来球，或者往后退等它落到合适的高度，或者就在它的上升期击打。对于身体左右的来球，击球者同样需要快速移动，才能保证在"最佳击球点"上击球。当然，除了灵活快速的步法之外，体力也是一个重要的因素。你需要通过长时间的训练保持灵活快速的脚步，以保证在"最佳击球点"上击球。

（三）应用旋转来控制球

击球的时候，有很多时候需要选择使用旋转。通过旋转，儿童可以变化球的深度、角度、高度和速度等。如果儿童总是使用平击击球，他就很难打出目标球，也就是说很难利用整个球场的宽度和深度。

1. 上旋球

这是底线击球比较常见的一种，上旋球是指球的转动方向是由下至上的，利用球拍接触球的后部或者后下部，通过拍面向上的包裹动作完成由下至上的摩擦击打。挥拍的速度和包裹动作的完整性会直接影响旋转的强弱，挥拍速度快或者包裹动作完整都是加大上旋力度的决定性因素。

上旋球在球落地之后具有高弹跳的特性。球的旋转越大，落地后的弹跳就越高。上旋球在球落地之后会明显产生二次加速的效果。球的旋转越大，落地后的弹跳加速度就越大。上旋球可以提高击球的稳定性。打上旋球时需要有一个明显的包裹动作，包裹动作的完整性决定球在球拍上的停留时间，时间越长，对球的控制能力也就越好。上旋球可以最大化地提升击球角度。例如一次斜线的回球，有旋转和无旋转的落点是相同的，但是落地后弹起的角度就会大有区别。有旋转的弹跳会明显比无旋转的弹跳角度要大，具体区别可以根据球的第二跳落的位置来判断。同样，在增加旋转的同时则会耗损部分球向前运动的能量,因而过多的上旋会导致球的飞行速度下降。总体来说,打上旋球在比赛中更耗费体能,在持续多拍的相持中,如果没有良好的体能作为支撑,很难笑到最后。

2. 下旋球

下旋球是网球运动中削球技术的核心要素,正反手削球、放小球、挑高球、截击技术中都能找到下旋球的踪迹。下旋球是指网球转动方向是由上而下,与上旋球的转动方向恰好相反。打下旋球通常是利用球拍接触球的后下部或者底部,拍面由上至下的包裹动作完成对球的转动击打。一般情况下,拍面接触球的角度越小旋转就越大,挥拍的速度和动作的完整性都会影响击球的速度。切削出较平弧线的下旋球,球在落地后反弹的高度会很低,前冲力较强。

切削出较大弧线的下旋球,反弹的高度就会偏高,前冲力较弱,有向回弹跳的趋势。下旋球可以增加击球的控制能力。下旋球比上旋球多了一个减力的功效,因此,下旋球比上旋球的控制能力更强。下旋球可以有效地改变击球节奏。一般情况下都是以上旋击球为主,通过上旋球变下旋球,快速转慢速的一个变化来干扰对手的击打节奏。可以说,下旋球是一种较好的防守武器,运用得当,很容易让你在场上的局面由被动转为主动。同样,下旋球的击球速度较慢,容易让对手捕捉到击球落点或者击球节奏。因此,下旋球在高水平网球竞技比赛中的使用率不是很高。但是,下旋球对于一些低水平的球员来说,还是一个较为难处理的问题。总体来说,下旋球不是进攻的主要打法,运用不当容易弄巧成拙。

3. 侧旋球

击球时球拍由后部向内侧平行挥动,使网球产生由外向内的侧旋转,故称侧旋球。这种球飞行路线呈水平向外侧的弧线飞行。通常在发球时,为了增加发球的宽度或将对手拉出场地的时候使用。当试图改变来球的方向时,使用侧旋也是非常明智的击球选择。为了击打侧旋球,必须用球拍拍头由外向内横扫来球的后部,即从球拍拍颈处的拍面开始接触来球,并拖拉来球横跨整个拍面,到球拍顶端的拍面。

在实践中,球的旋转常是混合的,球的旋转与来球的方向、力量、旋转速度和击球时的挥拍路线、触球时的拍面角度等因素有关。因此,要掌握正拍击球的不同旋转球方法,需要在平时训练中反复练习。

(四)利用拍面控制球的方向

球的方向是由球拍拍面与球碰撞的角度决定的。儿童一旦掌握了将球击打到球场中路的击球点,他们就可以通过轻微的调整拍面,将球击打到球场的任何角落。儿童应该认识到,控制击球方向时,假动作非常重要。击球点的轻微改变和球拍拍面角度的改变会导致击球方向的改变。通过将拍面打开或增加上旋,就可以增加落地球越过球网的高度。这同样会将球击打到对面场地的中后场。

(五)随挥动作

击球时,运动员必须让球拍通过整个击球区域,头部静止,双眼盯球,随挥动作要向击球目标延伸。当球拍完全挥击过击球区域后,球拍绕身体或脖子减速。随着科技的发展,儿童使用的球拍越来越轻,挥拍速度越来越快,一个延伸的随挥动作是非常有必要的,这样做可以使球拍在绕颈部或腰部停止前有足够的时间来降低球拍的速度。

儿童每天都要练习击球。他们如果有计划地练习,就会进步很快。最重要的一点是保证击球不失误。第二点是要控制击球的方向——斜线球或直线球。第三点是你的球员要学会控制球的深度。当然,底线击球通常击打到对手的底线。同样,儿童应该学会击打浅球。第四点是儿童要学会正确的击球旋转,旋转球可以击打出更大的力量且保证球在球场之内。第五点是儿童应学会控制球的速度,在对打时,改变击球的节奏。

四、儿童网球击球的基本技术

网球的基本击球技术在儿童时期就应该介绍给他们。这些技术可以分成三个部分——底线技术、中场技术和网前技术。网球基本技术的运用是根据所在球场的位置和不同的比赛情形做出合理的击球选择。没有一项技术是被单独介绍的,应该在儿童所处球场的位置和击球的目标的结合下,介绍基本的击球技术。

每一种击球技术都有三个简单而鲜明的动作特征,包括挥拍的轨迹、球拍拍面击球时的角度和击球的速度。接下来的各项技术介绍将重点关注这三个方面的动作特征。同样,教学时,在击球技术方面的错误也非常容易通过这三个基本的动作特征做出合理的分析并进行恰当的纠正。

(一)底线技术

底线击球技术是网球比赛的基础,因为比赛总是从底线发球开始。底线技术包括发球、正手击球、反手击球、挑高球和接发球等。

1. 发球技术

发球是每一分争夺的开始,是很重要的进攻性击球方式。儿童使用上手发球(如图6.4)将球从底线击打到对面发球区域(8岁及以下儿童可以使用低手发球)。

准备姿势：发球时，儿童站在底线后，侧身面对球网。采用东方式正手或大陆式握拍来增加旋转和力量（以右手握拍为例）。身体放松，两脚开立与肩同宽，前脚面向球网45度站位，前脚脚尖指向侧前方的网柱，后脚与底线平行，球拍指向发球区。左手的手指轻轻拖住球，并放在球拍的拍颈部分，来协助持拍手臂拖住球拍。

向上抛球：抛球时，用左手手指拖住球，而不是抓住球。球向上抛出后，尽量不使球旋转。如果有旋转，说明手指用力过大，应该向拖着盘子一样将球向上托起。

向后引拍：当球在头部高度离开手掌时，膝关节开始弯曲，抛球手臂继续向上伸展直到自然伸直。持拍手臂保持弯曲，球拍置于头后，上臂与身体尽可能保持垂直。

挥拍击球：击球前，以肘关节为轴，前臂、手、拍头依次向身体背部挥动，做"搔背动作"。当球到达最高点开始下降时，下肢蹬地将力量逐步向上传递。当球拍进入击球区域时，肘关节充分伸展，在击球点，拍头达到最大加速度，迅速向上向前释放手腕的力量。击球时，抛球手臂贴近身体，便于身体向前转动。

随挥动作：击球后，儿童的身体重心继续向前移动，后脚向前越过底线来维持身体平衡，球拍顺势随挥到身体的另一侧。发球结束后，必须尽快准备下一拍的击球，能够向右、向左、向前和向后迅速移动。

图6.4　上手发球动作分解

2. 正手击球技术

底线的正手击球技术(如图6.5)是攻守兼备或防守性击球,要求在身体优势一侧击打落地球。儿童在底线将要击打更多的落地击球,包括正手和反手,主要取决于哪一侧是持拍手或对手来球的方向。

准备姿势:当准备击打落地球时,儿童应该在底线后中间位置,做好击球准备。做准备姿势时,身体保持平衡,两脚开立,与肩同宽,膝关节弯曲,腰部直立。身体重心在前脚掌,身体面向对手,双眼紧盯来球。用儿童喜欢的正手握拍方式(东方式正手、半西方式正手或西方式正手)握拍(以右手持拍为例),右手将球拍轻轻握住,左手拖住拍颈,拍头在腰部和肩部之间的高度。

准备姿势　　　　整体转动　　　　向后引拍　　　　迎击来球

最佳击球点　　　　充分伸展　　　　随挥动作

图6.5　正手击球动作分解

向后引拍:对手击球后,儿童预判来球的方向,利用髋关节的转动带动双肩、球拍和双脚转动,左手释放球拍,侧向对手。身体转动后,儿童快速移动到击球区域时,向后拉拍,拍头向后,并低于击球点,以便球拍由低到高进行挥拍。此时,儿童的身体重心落在后脚上。

迎击来球:击球时,身体重心从后脚移动到前脚。借助髋部和腰部的转动,以肩关节为轴,上臂带动前臂向前挥拍击球。击球点在身体侧前方,并尽量保持在腰部高度击球。球拍触球时,手腕固定,为了最大限度地控制击球力量,儿童必须控制球拍拍面与地面垂直,向击球的目标区域挥动,并要求球拍拍头加速挥动通过击球点。

随挥动作:击球后,手臂和球拍顺势随挥到身体另一侧,当身体面向球网时,髋部停止转动。击球结束后,儿童要迅速回位到球场合适位置,准备击打下一拍来球。

3. 反手击球技术

底线的反手击球是一种攻守兼备或防守性较强的击球方式,就像前面正手击打落地球部分提到的一样。儿童在底线要击打更多的底线落地球,需要根据对手将球击打到身体的右侧还是左侧,决定采用正手击球或反手击球。儿童可以使用双手反手击球(如图 6.6)或单手反手击球(如图 6.7)。

（1）双手反手击球技术

准备姿势:当准备双手反手击球时(以右手持拍为例),儿童要在底线后中间位置做好击球准备。两脚开立,与肩同宽,屈膝,背部直立,维持身体平衡。身体重心在两脚的前脚掌,身体面向对手,双眼紧盯来球。左手采用半西方式握拍,右手采用大陆式握拍,左手在上,右手在下,双手紧紧并拢,放松地握住拍柄的最底端,拍头高度在腰部和肩部之间。

向后引拍:当对手击球时,儿童预判来球方向,以髋关节为轴,肩部、球拍和双脚同时转动到反手一侧。儿童快速移动到击球区域,向后引拍,球拍指向后面的围网,并处于击球点的下面。

迎击来球:儿童的击球动作开始于前脚向前迈步,转髋转肩,身体重心从后脚转移到前脚,进行由低到高的挥拍模式。击球时,手臂充分伸展,球拍拍头加速通过击球点,击球点在身体侧前方的腰部高度。

随挥动作:球拍拍面通过击球点后,球拍顺势随挥到身体的另一侧。伴随着击球结束,身体重心转移到前脚。击球结束后,让儿童迅速回到合理的准备位置,准备击打下一拍来球。

准备姿势　　　　　整体转动　　　　　向后引拍

迎击来球　　　　最佳击球点　　　　充分伸展　　　　随挥动作

图6.6　双手反手击球动作分解

（2）单手反手击球技术

准备姿势：当准备单手反手击球时（以右手持拍为例），儿童站在底线后中间位置，两脚开立，与肩同宽，双膝弯曲，背部直立。身体重心在双脚前脚掌上，身体面向对手，双眼紧盯来球。使用儿童喜欢的正手握拍方式，右手握拍，左手轻托拍颈，拍头高度在腰部和肩部之间。

向后引拍：对手一旦将球击出，儿童预判来球的方向，以髋为轴，在左手的协助下，向后拉拍，肩部、球拍和双脚同时转动到反手一侧，侧身面向球网。在进行整体转动时，儿童从正手握拍变换成东方式反手握拍。转身后，儿童快速移动到击球区域。当到达击球区域时，儿童向后拉拍，使得球拍指向后面的围网。此时，儿童的身体重心留在后脚。

迎击来球：向前击球的动作从前脚向前迈步开始，同时，身体重心从后脚移动到前脚，左手释放球拍。单手击球的力量来自腿部和重心由后到前的转移，击球点在身体侧前方，腰部位置的高度。击球时，持拍手臂充分伸展，左侧手臂继续留在后面，维持身体平衡。在击球点，对于反手上旋球，球拍拍面指向击球目标，手臂和球拍由低到高通过击球区域，将手臂挥击到头部高度，球拍指向天空。对于反手下旋球，球拍从击球点上面开始，由高到低挥拍，在击球点，球拍拍面稍微向上打开。

随挥动作：击球后，右手手臂继续向前上方伸展，肘部可以适当保持一定的弯度。击球结束后，让儿童迅速回位到合理的击球位置，为下一拍击球做好准备。

准备姿势   整体转动   向后引拍   迎击来球

最佳击球点   充分伸展   随挥动作

图 6.7 单手反手击球动作分解

4. 挑高球技术

挑高球就是让球以很高的弧度越过球网，在对手的场地反弹后，落到底线后面。当儿童失去球场位置、在底线后或对手在网前攻击性很强的情景下，挑高球是一种防守性击球。防守型挑高球有两个目的：使得儿童有足够的时间回到球场合适的位置；迫使对手远离网前，打不出攻击性强的击球。当儿童有足够的时间在底线附近做准备时，挑高球同样可以作为一种进攻性击球。

准备姿势：当准备击打挑高球时（以右手持拍为例），儿童应该在底线后中间位置做好准备姿势。保持身体平衡，两脚开立与肩同宽，膝关节弯曲，腰部直立。身体重心在前脚掌，身体面向对手，双眼盯住空中的球。用儿童喜欢的正手握拍方式（东方式正手、半西方式正手或西方式正手）握拍，右手握拍，左手轻托球拍的拍颈，将拍头置于腰部和肩部之间的高度。

向后引拍：当对手击球时，儿童预判来球方向，以髋为轴，带动肩部、球拍和双脚同时转动到正手侧或反手侧。整体转动后，儿童快速移动到击球区域，向后引拍，球拍指向后面的围网，并处于击球点的下面。此时，儿童的身体重心在后脚上。

迎击来球：儿童向前的动作，开始于前脚向前一步，同时，从击球点的下面向击球点方向进行由低到高的挥拍，并伴随着身体重心从后脚转移到前脚。击球点在身体侧前方，头部高度。对于挑高球来讲，球拍拍面要在击球点向上打开，确保球在拍面向上离开拍线。

随挥动作：向上打开的拍面会促使球飞行的弧度很大，当手臂挥动到眼部高度时击球结束。儿童的身体重心留在后脚，确保他们充分向上蹬伸和向球网的方向转动身体。儿童距离底线越远，他就应该击打更高的挑高球，来赢得更多的时间，回到球场最佳位置。

5. 接发球技术

接发球是比赛中很重要的一项技术，往往被很多教练和儿童所忽视。儿童如果能连续击打出可靠的接发球，就会给对手造成很大的发球压力，以至于对手不能发出快速有力和精准的发球。

准备姿势：在对手开始做发球动作时（以右手持拍为例），接发球者在底线做好接发球准备。对于力量型对手，接发球者应该站在底线后1～2步的位置，给自己留出足够的时间转身、移动到球、做好击球准备和接发球。相反，当对手发球较弱时，接发球者应该移动到底线前。做接发球准备时，要保持身体平衡，两脚开立，与肩同宽，双膝微屈，腰部直立。身体重心在两脚前脚掌，身体面向发球者，双眼盯住发球者的击球点。使用正手握拍，右手握拍，左手轻托球拍的拍颈，拍头高度在腰部和肩部之间。在击球前，儿童分腿垫步的同时向前跳步，这样使自己的重心向前移动，并能够向左或向右做出快速反应。

向后引拍：当对手发球时，儿童迅速预判来球的方向，以髋为轴，带动肩部、球拍和双脚同时转动到正手一侧或反手一侧，确保自己侧身面向球网。整体转动后，儿童迅速移动到击球区域。接发球和其他击球技术的区别在于，接发球时，击球的准备时很少。当移动到合适位置击球时，儿童向后一个较短的引拍后进行紧凑的挥拍。此时，儿童的身体重心在后脚。

迎击来球：击球时，儿童的身体重心向前转动，身体转动面向球网，使用由低到高的挥拍模式，击球瞬间握紧球拍，手腕保持固定，击球点在身体侧前方击球，击球高度在腰部。在击球点将球拍握紧一点，来缓冲发球者的发球力量。

随挥动作：球拍挥动，通过击球点，并在另一侧肩部后面停止。接发球后，接发球者回位到底线后中间位置,准备击打下一拍来球。

(二)中场技术

中场技术是指在底线前击球,通过中场击球建立更大的球场优势,便于儿童移动到网前,进行截击或高压来结束一分的争夺。中场技术包括随球上网击球、放小球和前场斜线球等。中场击球技术均可以使用正手或反手击球。在教授儿童学习中场击球技术时,可以先学习正手一侧击球技术。一旦他们掌握了正手一侧的中场击球技术,反手一侧的学习就变得相对容易。

1. 随球上网击球

随球上网击球就是在儿童移动向前到网前过程中击打的中场球,目的是为了争取时间,做好网前击球准备,使得自己在网前击球时更具有攻击性。当儿童击打随球上网击球后,应该让击球落到对方场地的后场,使得自己有时间移动到网前,迫使对手在底线后击打下一拍。随球上网击球可以使用于击打对方软弱的第二发球。力量不是这种击球的最重要因素,因为主要目的是移动到网前为下一拍做准备。如果儿童击球很快,对方或许挥击得更快,儿童就很难有时间移动到网前。

随球上网击球主要是击打浅球。在比赛中,当对方出现较浅的球时,儿童迅速向前移动并转动身体侧向球网,在较高的击球点进行击球。因为儿童向前移动击球,所以在击球点到对面底线的距离很短,随球上网击球的向后引拍动作要比击打底线落地球短一些。随球上网击球有两种挥拍模式:一种是由高到低的挥拍模式,使球产生向下的旋转;另一种是由低到高的挥拍模式,使球产生向上的旋转。

(1)由高到低的挥拍模式击球

由高到低的挥拍模式可以使得网前产生向下的旋转。击打这种球时,球拍拍面在击球点稍微向上打开,使得球以较低的弧度越过球网,并落到对面场地底线前较深的位置。因为这种击球运行轨迹低而且伴有下旋,它会在球场向前滑动而且很低,这就迫使对手在很低的位置向上击球,使球能够越过球网。此时,在网前的儿童可以轻松击打截击球或高压球,赢得这一分。

下旋随球上网球的优点是便于击球时的控制,同时球在场地内低位运行。这种击球弹跳始终很低,迫使对手击打高球。因为这种击球速度不是很快,所以给了随球上网击球的儿童足够的时间移动到网前,并做好击球的准备。如果下旋随球上网球击打得很高,对手会有足够的时间进行回击。

(2)由低到高的挥拍模式击球

由低到高的挥拍模式击打随球上网球会给球向上的旋转,但击球时不要像在底线击打落地上旋球一样过度使用上旋击球。随球上网击打上旋球要求儿童将球击打到对面场地的后场,但不能越过底线。当儿童击打了这种攻击性强和有压迫性的随球上网击球后,应快速移动到网前,做好网前击球准备,等待对手的较弱回击。

上旋随球上网击球的优点是可以增加击球的速度,将球击打到对面后场和给对手有限的时间进行回击准备等。当然,因为这种击球速度快,所以儿童移动到网前并建立良好击球准备的时间较短。

2. 放小球

放小球是在底线内击球,并让球通过球网后轻轻落地。最完美的放小球是当对手准备击打放小球时,该球已经落地反弹两次。当然,即使对手在球第二次落地前能够回击,在跑动中也只能回击无力的高球,而且位置也接近球网。这时,可以击打挑高球到对手的后场。

放小球和其他底线击球准备一样,像正手和反手击打落地球。放小球通常在儿童移动到底线内而对手在底线后、移动慢或疲劳时使用。

因为放小球不管在落地前还是落地后,向前飞行的距离都很短,放小球使用很短的引拍和下旋,球落地后尽量不要向前反弹。球拍运行轨迹是由高到低,球拍拍面在击球点向上打开。握拍放松以便于球拍的拍线缓冲来球的冲击力。击打放小球后,儿童应该回到底线准备对手的回击球。如果对手将放小球击打回来,儿童可以击打挑高球越过对手的头顶,或者击打落地球到对手较弱的一侧。

3. 前场斜线球

前场斜线击球是将球击打到发球线和单打边线交叉点附近。将球击打足够大的角度才能实现这一目标,儿童必须在底线内击球,越靠近网前效果越好,而且让球必须离开球场的中间位置。越接近边线的击球,角度才可以更大。这种前场斜线球可以打出制胜分,或将对手拉出球场,为下一拍击打到球场无防守区域做准备。

前场斜线击球技术的准备动作和其他底线击球技术相似。当然,对于前场斜线击球技术而言,儿童必须移动到底线内才能有效击打大角度斜线球。儿童应该使用上旋来击打斜线球,因为球必须越过球网且快速在球场落地。为了增加更大的上旋,儿童应该使用较短的由低到高的挥拍模式。挥拍至少在靠近击球点的脚下开始,在持拍手臂挥动到另一侧肩部后面头部高度为止。因为这种击球方式决定了球的飞行距离较短,所以在确保球击打到边线附近时,使用恰当的击球速度和旋转是非常有必要的。击打前场斜线球时,击球的方向比击球的速度更重要,上旋可以保证球落在场地内。击打前场斜线球后,儿童迅速回位,准备应对对手的下一拍击球。

（三）网前技术

对于比赛来讲，站在球网和发球线之间的位置上，就会使得自己拥有巨大的击球优势。靠近网前给了儿童足够大的球场击球角度，来确保击球远离对手的身体。当击球点高于球网时，网前儿童可以击打出速度快和使对手被动防守的球。良好的网前站位使得对手只有很短的时间来做击球准备，这就迫使对手被动挑高球或冒险击打穿越球。网前技术在儿童时期包括截击技术和高压球技术。

1. 截击技术

当儿童站在网前位置时，在球落地反弹前可以使用截击技术击打出具有角度且远离对手的击球。当准备截击时，儿童要在球网和发球线之间做好准备姿势。靠近球网的优势是可以扩大截击球的击球角度。如果儿童站位靠近发球线，大多数击球的高度在球网以下，为了使截击球越过球网，不得不向上击球。此外，靠近发球线的截击球击打不出速度，因为击球点在球网以下，儿童必须向上击球。

准备姿势：准备截击时（以右手持拍为例），在发球线和球网之间做好截击准备，两脚开立，与肩同宽，双膝微屈，背部直立。身体重心在两脚前脚掌，身体面向对手，双眼盯住对手和空中的球。球拍拍头在肩部高度，比击打底线落地球时的拍头高度稍高。原因是截击球的击球点要比击打底线落地球的击球点高。右手握拍要放松，左手拖住球拍拍颈的位置。大陆式握拍是理想的握拍方式，因为这种握拍方式可以正手截击（如图6.8）和反手截击（如图6.9），避免了握拍方式的转换。击球时，不管是正手截击还是反手截击，球拍拍面都应适当向上打开。

向后引拍：当对手击球后，儿童预判来球的方向，以髋为轴，带动肩部、球拍和双脚同时侧向球网到正手一侧或反手一侧，根据来球的速度决定向后引拍的幅度。如果来球过快，向后引拍的时间就短或来不及引拍，截击就是将球阻挡到对方场地。如果儿童有足够时间，他可以适当后引拍来增大击球的力量。整体转动后，儿童迅速移动到击球区域。此时，儿童的身体重心在后脚。

迎击来球：击球时，身体重心从后脚移动到前脚开始。击球点在前侧髋部，球拍拍头高度在腰部位置。当击球点在球网上面的高度时，挥拍模式时水平的。对于低于球网的击球，使用由低到高的挥拍模式，要柔和地握拍，并确保球有向前上方的飞行轨迹，避免击打出场地。有角度的截击需要用放松的握拍方式来缓冲在击球点的来球速度。

随挥动作：击球后的随挥动作要短，随着球拍向前挥动并通过击球区域，在拍面仍然指向击球目标时结束。如果儿童有足够时间向后引拍来增加击球力量时，随挥动作可以适当延长。击球结束后，迅速做好击打下一拍球的准备动作。

准备姿势　　　　整体转动　　　　最佳击球点　　　　随挥动作

图6.8　正手截击动作分解

准备姿势　　　　整体转动　　　　最佳击球点　　　　随挥动作

图6.9　反手截击动作分解

2. 高压球技术

高压球技术是指在网前通过类似上手发球的动作击打来球。通常用来击打挑高球。大多数情况下，要在球落地反弹前通过高压击球将球击打到对面场地。如果挑高球很高，或来球面向太阳或在大风天气来球很难追踪时，可以落地反弹后击打。儿童可以击打大角度高压球远离对手身体。此外，通过手臂和球拍的充分伸展来击打力量较大的高压球。在所有击球中，高压球是最有可能打出制胜分的击球方式。

准备姿势：当准备使用高压球技术时（以右手持拍为例），让儿童在球网和发球线之间做好击球准备。两脚自然开立，与肩同宽，双膝微屈和背部直立。身体重心在两脚的前脚掌，身体面向对手，双眼盯住对手和空中的球。球拍拍头在肩部高度，比底线落地球的拍头要高一些。儿童采用大陆式握拍，右手握拍要放松，左手轻托球拍拍颈处。大陆式握拍可以用来进行正手截击和反手截击或高压，是网前理想的握拍方式。

向后引拍：当球离开对手的球拍时，儿童预判来球是挑高球后，迅速调整站位。例如，靠近网前站位的优势是可以击打大角度高压球。当儿童在发球线后时，将高压球击打到球场角落比击打到边线安全。儿童快速以髋为轴，带动肩部、球拍和双脚同时转动到正手一侧，侧身面向球网。同时，持拍手臂向后挥动到肩部高度，肘关节弯曲呈投掷姿势，通过简单的转身并准备挥拍，像发球的准备姿势一样。左手放在拍柄上面维持球拍平衡。

迎击来球：对手挑高球后，儿童迅速移动到合理的位置，在右肩上部击球，手臂和球拍充分向上伸展，在能够到的最高点击球。根据挑高球的落点来调整脚下的步法。对于高压球来讲，转身和球拍的击球姿势应该在移动到球之前完成。当儿童到达合理的击球位置击打高压球时，要确保抬头，双眼盯住来球，身体重心在后脚。伴随着身体重心向前脚转移和身体的转动开始向前挥拍，直到髋部和肩部面向球网。在肘关节的带动下，手臂向前上方挥动，在击球点释放手腕的力量并快速外翻，拍头以最快的速度击球。

随挥动作：击球后，将球拍顺势随挥到身体的另一侧。结束高压球后，快速做好网前截击或高压的准备。

五、儿童网球技术的练习方法

这部分介绍了基本的网球击球技术，包括底线技术（发球、正手击球、反手击球、挑高球和接发球）；中场技术（随球上网击球、放小球和前场斜线球）；网前技术（截击技术和高压技术）等的训练方法。通过这些方法的训练，儿童的网球基本技术可以得到进一步的提高。有些技术具有一定的难度，教练在指导儿童训练时，应根据儿童的技能水平，按照最佳发展区的基本理论进行集体训练与个别指导。

（一）底线技术的练习方法

底线击球是网球比赛的基础，因为所有分数都是双方儿童在底线开始的。底线技术包括发球、正手击球、反手击球、挑高球和接发球。

1. 发球（上手发球）

训练内容：压力发球练习。

训练目标：创设具有压力的环境进行发球练习。

练习方法：在有观众的前提下，告诉儿童这是一局的最后一分，或者一盘之中的关键分。让儿童依次进行平分外区、平分内区、占先内区和占先外区（如图6.10）精准发球练习。

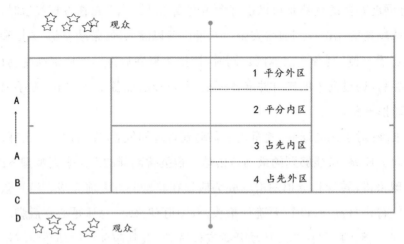

图 6.10　压力发球练习

训练内容：大力发球练习。

训练目标：提高第一发球和第二发球的力量和深度。

练习方法：每名儿童在底线后发球 10 次。同伴记录第一发球落到发球区，第二落点落到力量线（如图 6.11）后的个数。力量线的长度可以根据儿童不同年龄由教练合理设置。

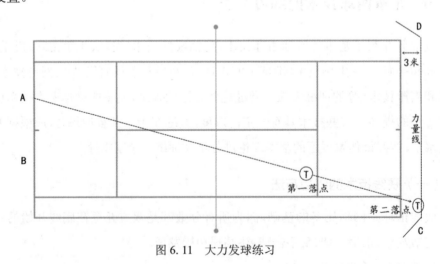

图 6.11　大力发球练习

2. 正手击打落地球

训练内容：截击与底线二对一对打练习。

训练目标：进一步发展球场移动能力和击球的连贯性。

练习方法:两名儿童站在网前,将球截击到底线儿童(如图 6.12)。网前儿童必须截击斜线球,底线儿童回击直线球。练习三分钟后,轮换位置。

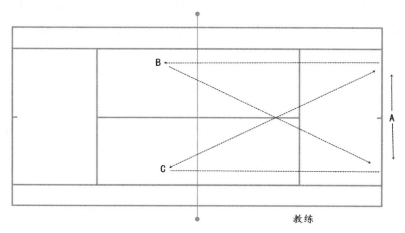

图 6.12　截击与底线二对一对打练习

训练内容:正手和反手击球的精确性和稳定性练习。

训练目标:通过训练,提高儿童底线正反手击球的稳定性和精确性。

练习方法:通过双打走廊练习这项技术,球场两侧的双打走廊至少可以满足四名儿童同时练习(如图 6.13)。练习开始时,一名儿童击打落地球到同伴,两人开始对打。所有的击球要求落在双打走廊里面,一旦出现失误,失误的儿童进行发球继续练习,直到两人能够在双打走廊内对打五个回合。

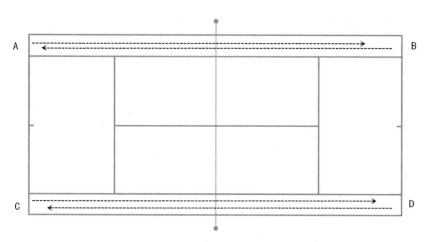

图 6.13　正手和反手击球的精确性和稳定性练习

3. 反手击打落地球

训练内容:底线"8"字练习。

训练目标:提高底线正反手击打落地球的控制能力。

练习方法:儿童 A 在底线击打正手斜线球到对面儿童 B。儿童 B 回击直线球到儿童 A 的反手一侧,儿童 A 反手击球到儿童 B 的反手一侧(如图 6.14)。按这种模式进行对打,直到一方出现失误,重新开始下一球的练习。儿童 A 全部击打斜线球,儿童 B 必须击打直线球。

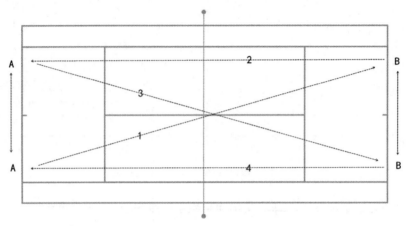

图 6.14 底线"8"字练习

训练内容:底线两点打一点练习。

训练目标:学习击打底线落地球时,改变球的旋转、速度和弧度。

练习方法:儿童 A 在底线正手一侧击球,并不管变化球的旋转、速度和弧度,来调动儿童 B 在后场移动。儿童 B 必须将所有球回击到儿童 A 的正手一侧区域(如图 6.15)。当儿童 B 出现失误时,儿童 C 取代儿童 B。

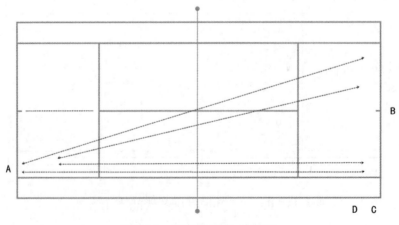

图 6.15 底线两点打一点练习

4. 挑高球

训练内容:高压球和挑高球击球练习。

训练目标:进一步发展防守型提高球的能力,来对抗网前高压球。

练习方法:儿童 A 在前场进行高压球训练,可以将高压球击打到球网对面双打场地内的任何区域。儿童 B、C 和 D 通过防守型挑高球来应对每一次高压球(如图6.16)。练习两分钟后,顺时针进行位置轮换。

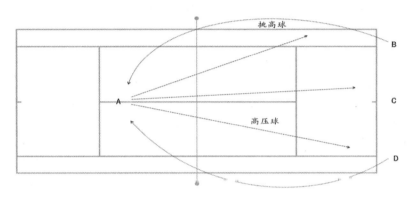

图 6.16　高压球和挑高球击球练习

训练内容:击打落地球和挑高球。

训练目标:进一步提高底线击打落地球和通过挑高球防守的能力。

练习方法:所有儿童在底线后排成一排等待轮流击球。教练送两个底线球,进行底线落地球击打练习,然后向场地另一侧抛球,儿童迅速变换方向,进行防守型挑高球练习(如图6.17)。

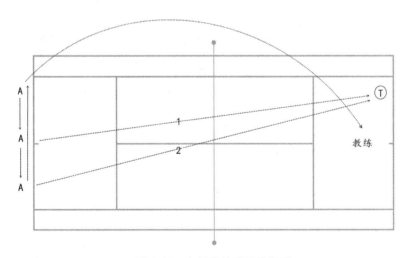

图 6.17　击打落地球和挑高球

5. 接发球

训练内容:回击发球到指定目标。

训练目标:提高接发球的连贯性、深度和精确性。

练习方法:儿童回击发球到球场指定的目标。目标1、2和3强调接发球的深度来对抗底线型选手,回击到目标4、5和6来对抗发球上网型选手(如图6.18)。将接发球击打到目标4和6同样可以使底线防守型儿童移动向前,向球场一侧移动,调动对手离开自己击球的舒适区。

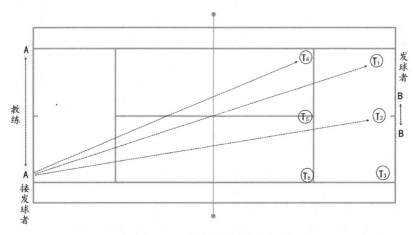

图6.18　回击发球到指定目标

训练内容:进攻性接发球练习。

训练目标:进一步提高接发球的攻击性。

练习方法:接发球儿童在正常接发球位置准备迎击对方的发球(如图6.19)。伴随着发球儿童向上抛球,接发球儿童快速移动调整位置,使用自己擅长的击球方式击球(通常是正手击球)。目的是击打一个进攻性极强的接发球,让对手措手不及。通常来讲,这种技术在对方进行第二发球时使用,所以在练习时,教练可以让儿童用第二发球的方式进行练习。

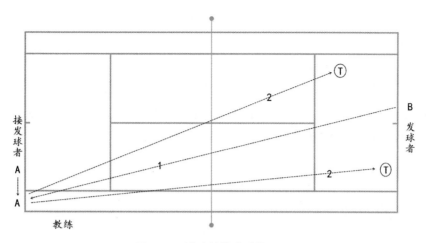

图 6.19　进攻性接发球练习

训练内容：接发球抢点练习。

训练目标：练习向斜前方移动防守对方大角度发球。

练习方法：要求发球儿童将球发到发球区的外区。接发球儿童向斜前方 45 度角度移动，击打对手的外区发球（如图 6.20）。接发球者通常进行斜线球回击来阻止发球儿童下一拍将球击打到开放区域。

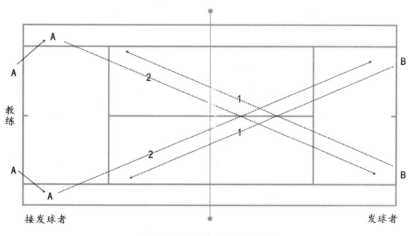

图 6.20　接发球抢点练习

（二）中场技术

中场技术包括随球上网击球、放小球和中前场击打斜线球等。通过运用合理的中场击球技术，可以提高儿童对比赛的控制能力，并增强击球的攻击性。

1. 随球上网击球

训练内容:随球上网击打目标练习。

训练目标:进一步强化随球上网技术。

练习方法:所有儿童在球场底线两侧站成两路纵队,每队的第一名儿童站在球场3/4处,准备击打上网球。教练随机向左右两侧送球。每队的第一名儿童击打上网直线球到指定目标,并轮换到另一队准备击球(如图6.21)。

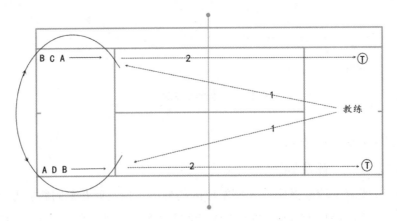

图6.21　随球上网击打目标练习

训练内容:随球上网与截击练习。

训练目标:进一步发展在底线对打中,随球上网与截击时对球的控制和击球的节奏感。

练习方法:两名儿童组成一队,分别站在球场两端底线后。儿童 A 击打正手斜线球到儿童 C,儿童 C 击打短球到儿童 A 正手一侧。儿童 A 击打随球上网球到儿童 C 的反手侧,儿童 C 击打直线穿越球(如图6.22)。儿童 A 截击斜线球到儿童 D,儿童 D 和儿童 B 重复上述练习。

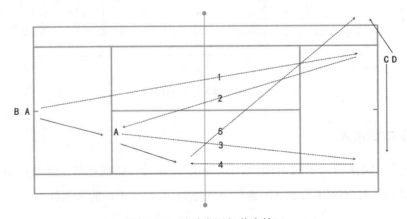

图6.22　随球上网与截击练习

训练内容:击打制胜分或随球上网练习。

训练目标:进一步练习根据来球高度,选择击打制胜分或随球上网。

练习方法:所有儿童在底线后排成一行,轮流站在底线进行练习。在开始练习时,教练送球给儿童 A 击打落地球。教练送第二颗球为前场球,儿童 A 必须选择正确的击球方式——落地较高的球击打制胜分,落地反弹较低的球进行随球上网准备截击或高压(如图 6.23)。所有儿童轮流进行练习,正手和反手都要练习。

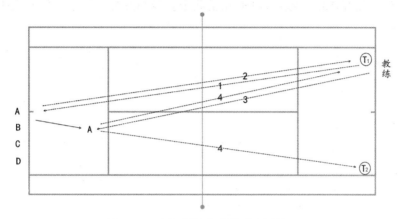

图 6.23　击打制胜分或随球上网练习

2. 放小球

训练内容:重复落点斜线球与放小球练习。

训练目标:提高儿童斜线击球的能力,并在出其不意的情景下进行放小球练习。

练习方法:教练在对面球场送球,儿童在对面中前场依次击打两颗斜线球和一颗放小球。

教练送第一颗球到对面中前场,儿童 A 击打斜线深球;教练送第二颗球,儿童 A 击打重复落点;教练送第三颗球,儿童 A 出其不意,放小球(如图 6.24)。

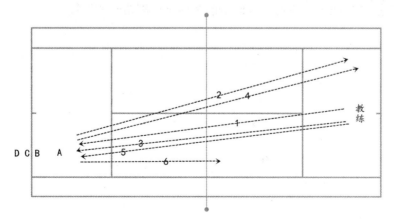

图 6.24　重复落点斜线球与放小球练习

3. 前场斜线球

训练内容：网前击球练习。

训练目标：练习在中前场，对低于球网的落地球击打直线球，对高于球网的落地球击打斜线制胜分。

练习方法：教练在球场对面送前场球。如果球落地高于球网，要求儿童快速上网击打斜线制胜分。如果球落地后低于球网，要求儿童击打直线球，并准备击打下一球（如图6.25）。教练送第二颗球，网前儿童截击斜线制胜分。正手一侧和反手一侧都要进行练习。

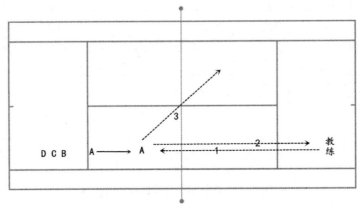

图6.25　网前击球练习

（三）网前技术

1. 截击技术

训练内容：截击到目标练习。

训练目标：进一步提高精准截击能力。

练习方法：教练给每一名网前儿童连续送八颗球。从正手截击斜线深球和直线深球开始，紧接着截击小斜线球和直线浅球。在反手一侧重复以上练习（如图6.26）。确保儿童在截击时，在球上使用一些向下的旋转来控制击球的深度。

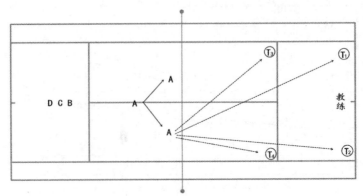

图6.26　截击到目标练习

训练内容:二对一截击练习。

训练目标:提高截击的连贯性和对截击方向的控制能力。

练习方法:两名儿童在底线击打落地球到网前球员。要求底线儿童必须击打斜线球,网前儿童必须截击直线球(如图6.27)。练习2~3分钟后,进行位置轮换。

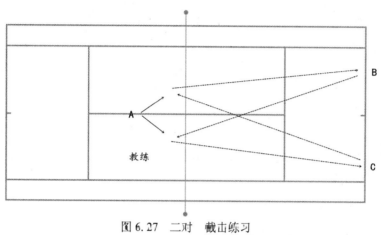

图6.27 二对一截击练习

2. 高压技术

训练内容:有效击打高压球练习。

训练目标:帮助儿童提高有效击打高压球的节奏感。

练习方法:让儿童在网柱旁排成一行(如图6.28)。轮流侧并步移动到球场中间,用球拍触碰球网,教练在对面场地送一颗挑高球到网前儿童,网前儿童侧身交叉步后退,在合适的击球点进行高压击球。成功击球后,儿童继续向前触碰球网,并击打第二颗高压球。伴随着儿童自信心的提高和击球节奏的进步,教练可以送提高球到对面场地的任意区域,儿童移动到位进行高压击球。

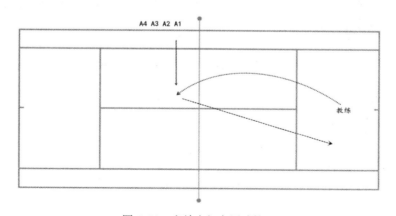

图6.28 有效击打高压球练习

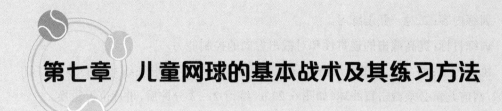

第七章　儿童网球的基本战术及其练习方法

本章介绍了儿童网球比赛中的单打战术和双打战术,以及对应的练习方法。在儿童掌握了基本的网球击球技术后,教练应该积极通过组织合理的比赛,让儿童在比赛中强化所学技术,让他们在运动中提高技术。

一、单打比赛中的简单战术

(一)提高击球的安全性

在儿童早期训练阶段,让运动员击球时保持过网稍高,击出的球落在场地内一米左右的位置。

(二)击球路线与回位

在对打中,儿童应设法在对手回球前,回到场地中间的位置上,或回到对手回击角度的中间。

(三)一贯性与冒险性

在比赛中,运动员击球的目的是使对方无法回击。有两种达到这种目的的方法:坚持稳定,保持不失误;敢于冒险,设法进攻,迫使对手失误。

(四)把球击深

将球击打到后场,接近底线附近:

① 迫使对方向后移动;

② 迫使对手回球落地后起跳较高;

③ 与浅球相比,回击深球使对手不易打出角度;

④ 使对手远离底线,可降低对手回球的精准度;

⑤ 回击深球可常使对手回球较浅,这样可以使自己有更多的进攻角度。

(五)抓住对方弱点

儿童可能表现出不同的弱点,这些弱点通过仔细观察都可发现,包括底线击球时,正手或反手经常出现一边比另一边差;处理球时,初学者往往难于处理高而深的球;在击球步伐方面,通常在移动中比静止时击球困难。

二、不同比赛情形下的单打战术

(一)发球时

1. 一般原则

① 利用发球,从一开始就控制局势;

② 对自己的发球具有信心;

③ 变换发球位置和目标,使对方捉摸不定。

2. 第一次发球

① 通常将球击向对手弱的一侧;

② 选择性追身发球;

③ 不要用力过大,通常用 70%～80% 的力量即可;

④ 要稳定,力求一发 70% 的成功率;

⑤ 如是大力发球,上网截击。

3. 第二次发球

① 要稳定,确保成功率;

② 不要发短球,宁肯发深球失误,也不可发近网球;

③ 选择性发追身球;

④ 变换发球的角度和速度。

4. 球路、旋转等

① 变换发球,使对手捉摸不定;

② 如是关键分,发追身球;

③ 根据场地类型采用旋转发球;

④ 在右区时,发外角侧旋球;在左区时,发中路侧旋球;

⑤ 发平击球时,发左右区的内角;

⑥ 发上旋球时,发对方右区的内角,发对方左区的外角。

5. 发球上网截击

① 当对手接发球时,快速向前移动截击或快速跨步;

② 沿着可能的回球路线移动上网;

③ 变换发球的落点;

④ 关键分时,尤其是二发时,发球上网截击不失为出奇制胜的一招。

6. 发球后击打落地球

① 发球后用正手进攻;

② 发球后移动到左侧或中央位置(右手握拍型选手)。

(二)接发球时

1. 一般原则

① 让对手打,处理好接发球;

② 力求将球击打到场地特定位置(如对手的弱点);

③ 变换接发球方式;

④ 改变接发球的速度与旋转;

⑤ 根据对手发球站位变换接发球的位置;

⑥ 对付大力发球时,采用挡球式接发球。用转髋转肩动作向后引拍,动作要小;

⑦ 接力量小的发球或接弹跳较高的发球时,用快速击球或削球后上网进攻;

⑧ 接有角度的发球时要提前准备,朝球的方向斜线移动。打斜线球,留在后场;

⑨ 接发球时力求打深,而不打网前球;

⑩ 接发球进攻时,采用上旋球和平击球,接发球防守时采用削球和挡球;

⑪ 力求判断和预判对手发球的意图。

2. 接第一发球

① 接一发时要稳,力求不让一发轻易得分;

② 如对手留在后场,接发球时用挡击打深的直线球,或用有角度的球,或用挑高球送至对手反手。根据接发球类型,上网截击或留在后场。

3. 第二发球

① 当出现机会时,应有攻击二发的意识;

② 攻击二发时,当球上升至肩部高度时,以保持场上的主动;

③ 用正手侧身攻,或跑动中正手打直线球;

④ 如对手上网或留在后场,用一个近网上旋斜线球或深的直线球攻击回球。根据接发球的质量,上网截击或留在后场。

4. 如果对手发球好,截击也好

① 回击低的追身球封住角度。留在后场,使用两次穿越球技术;

② 接发球时用深的直线球或小斜线球将球挡至对方脚下,留在后场;

③ 如对手发球后截击,设法朝对手果断地回击,让发球方体验到畏惧感。

5. 如对手发球好,截击不好

力求让对方截击,留在后场打间接的穿越球,挑高球或上网截击。

（三）当双方队员都在底线时

1. 一般原则

① 通过连续的施压,迫使对手出现失误;保持高节奏;可能时,从场地的 3/4 击球;

② 使用斜线对拉技术,以争取时间和控制;朝球的方向斜线移动;采用组合击球战术(如打深的直线球后接打对角斜线球);

③ 处于被动时,挑高球,打深,多打控制球,少发力;

④ 用平击球和上旋球进攻;对攻时变换节奏;用高而深的慢速球变换速度,然后打角度刁钻的快速球。

2. 处于进攻时

① 尽量力求调动对方,抢分;

② 使用轻吊球,令对手措手不及,以便上网。

3. 处于防守时

① 打调整球,瓦解对手的优势;

② 打高球、深球和角度刁钻的球;

4. 对手是底线型选手时

① 吸引你的对手上网;

② 使用发球上网截击技术;

（3）用角度刁钻的近网削球将对手吸引过来。

5. 对手是上网型选手时

① 打深球和角度刁钻的球;

② 将对手压在后场。

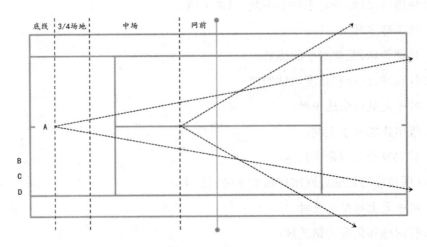

（四）随球上网或在网前时

① 用随球上网威胁对手,使之处于被动情形下;

② 打直线随球上网比较保险,打斜线随球上网可调动对手多跑;

③ 中场截击球要深而低,网前截击球应有角度、短而有力;

④ 随时准备对手挑高球。

（五）穿越球时

① 穿越球应该是低球;

② 斜线穿越球应是短的角度刁钻的击球;

③ 直线穿越球应发力、打深;

④ 挑高球可拉开空当,以便接着打穿越球。

三、单打战术的练习方法

训练内容:球场内不同区域击球练习。

训练目标:让儿童理解,越靠近网前,击打到对面场地的角度越大,更容易打出制胜分。

练习方法:所有儿童在底线后排成一行,按顺序进行练习。教练依次在底线、3/4场地、中场和网前送两颗球到球场的中路(如图7.1),让儿童进行连续击球练习,让儿童理解移动到中前场的优势,培养他们在比赛中,尤其是双打比赛中主动移动上网的意识。

图 7.1　球场内不同区域击球练习

训练内容:击打不同路线球的站位练习。

训练目标:练习底线回击球的站位位置。

练习方法:教练送三颗球给对面底线的儿童,第一颗球击打中路直线球(如图7.2),儿童要迅速调整位置在中路。第二颗球是击打底线斜线球(如图7.3),并快速移动到中点偏右进行回击准备。第三颗球击打边线直线球(如图7.4),并迅速回位到中点偏左准备迎击来球。

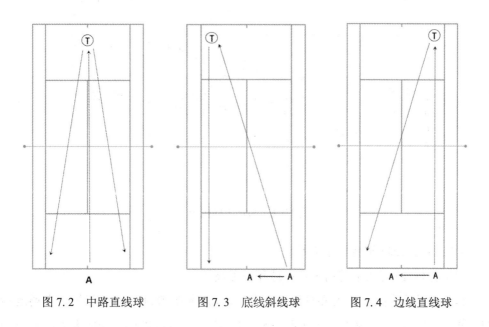

图7.2 中路直线球　　　　图7.3 底线斜线球　　　　图7.4 边线直线球

训练内容:侧身正手击球练习。

训练目标:进一步发展侧身击打正手球的能力。

练习方法:所有儿童在底线反手一侧排成一路纵队。教练在对面发球线后送一颗较短的高球到对面中后场。儿童轮流向前移动击打攻击性正手球到目标1(如图7.5)。这一拍球击打要坚决,击球要穿过边线离开球场,而不是通过底线离开球场。

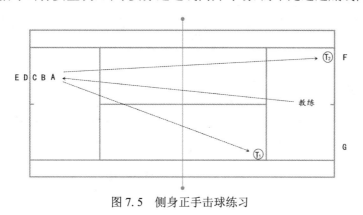

图7.5 侧身正手击球练习

训练内容:短球上网练习。

训练目标:培养出现短球时随球上网击球的能力。

练习方法:教练送球给儿童 A,儿童 A 击打斜线深球。再送一颗短球,儿童 A 随球上网击打直线球,击球后迅速移动到网站。教练送一颗网前球,儿童 A 截击斜线球(如图 7.6)。其他儿童轮流进行练习。

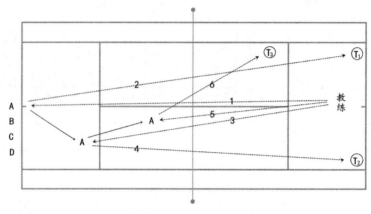

图 7.6　短球上网练习

训练内容:击球和挑高球练习。

训练目标:练习在中前场上步击球和后退高压。

练习方法:儿童 A、C、E 和 G 使用半个场地,儿童 B、D、F 和 H 使用另一半场地(如图 7.7)。网前儿童送球给底线儿童开始对打,底线儿童可以挑高球或大力击球,确保击球的成功率。网前儿童向前移动两步进行截击和后退三步击打高压球,要将球击打到底线球员附近。尽可能对打更多的回合,其他儿童进行轮换。

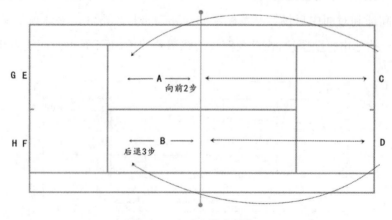

图 7.7　击球和挑高球练习

训练内容:使用你的武器进攻练习。

训练目标:教会学生拉开对方空间,使用自己的强项击打制胜分。

练习方法:教练送球到儿童 A,儿童 A 正手击打斜线深球。教练送第二颗球为短球,儿童 A 击打伴有上旋的大角度斜线球,迫使对手离开场地击球。在对面底线,儿童 B 击打反手斜线球到儿童 A,儿童 A 击打反手直线制胜球(如图 7.8)。

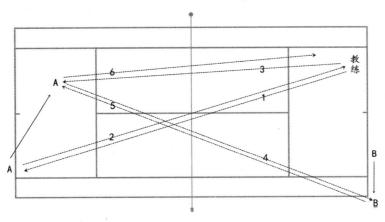

图 7.8　使用你的武器进攻练习

训练内容:对手发球较弱时的应对策略。

训练目标:检验儿童击打中前场球能力。

练习方法:儿童 A 下手发球(如图 7.9),儿童 B 在平分区使用正手击球(以右手持拍为例),在占先区使用反手击球。儿童 B 击打中前场的软弱发球后,冲到网前准备击打下一拍球,在网前儿童 B 根据场上形势可以放短球或击打制胜分。

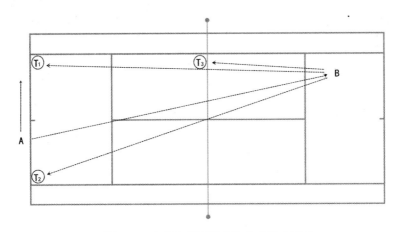

图 7.9　对手发球较弱时的应对策略练习

训练内容：折返中的高压球练习。

训练目标：练习儿童在网前的前后移动和击打高压球制胜分的能力。

练习方法：儿童 A 站在发球线和球网中间的位置。让儿童 A 手持球拍向前快速移动，用球拍触网的同时，教练送一颗挑高球越过儿童 A 的头顶。儿童 A 在保持身体动态平衡的前提下，使用交叉步的步法迅速后退，尝试击打高压球制胜分（如图 7.10）。击球后，快速向前移动触网，重复以上练习，直到成功完成 10 次高压球练习为止。

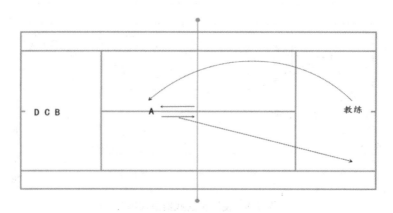

图 7.10　折返中的高压球练习

训练内容：击打斜线球练习。

训练目标：练习正手和反手斜线击球，强调击球落点的深度和稳定性。

练习方法：儿童 A 和 C 进行正手斜线球练习，当球的落点在目标区域时，得一分；同时，儿童 B 和 D 进行反手斜线球练习，同样，球的落点在目标区域时得一分（如图 7.11）。两队中先获得 21 分的一方即为获胜方。然后，儿童 A 和 B、C 和 D 交换位置，练习同样的内容。

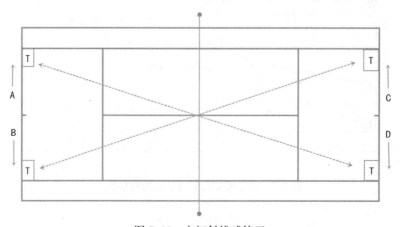

图 7.11　击打斜线球练习

四、双打战术

双打是两人配合的比赛项目。从实际情况出发,针对对方的情况制定相应的双打术方案是必要的,但在比赛过程中预定战术的实施要靠两人密切协作,默契配合。由于双打战术的机动性和变化性比单打复杂得多,所以在高水平的双上网的对攻战和中低水平的攻防中,能做到瞬间的默契配合是很不容易的,而这正是双打战术中最重要的一点,是双打战术成功与取胜的关键。以下是双打的注意事项和基本原则。

① 不要用全力击球;稳定的击球是取得双打胜利的关键。

② 要重视第一发球的成功率。

③ 尽量设法移动到网前,占据网前优势。

④ 接发球回击斜线球或挑过对方网前球员。

⑤ 在网前要注意抢网,让对方不停地猜测。

⑥ 两人要多交流,像一个整体一样打球。

五、双打战术的练习方法

训练内容:双打同伴之间配合练习。

训练目标:发展同伴之间由底线过渡到网前的协作能力。

练习方法:两名儿童组成一队在底线(C 和 D),另外两名儿童组成一队在网前(A 和 B)(如图 7.12)。教练送一颗中路短球到底线儿童。伴随着底线儿童向前移动,让他们回击中路球。两支队伍在网前用截击的形式展开这一分的争夺。练习三分钟后,互换位置继续练习。

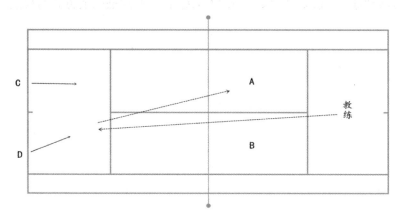

图 7.12 双打同伴之间配合练习

训练内容:防守型挑高球练习。

训练目标:四名儿童均在后场的双打比赛情景练习。

练习方法:第一对双打儿童A和B在发球线附近进入场地,并向前移动到网前。教练送一颗挑高球越过两名儿童的头顶,两名儿童迅速后退,其中一人用挑高球的形式将球回击到对面场地。对面场地的儿童E和F在底线与儿童A和B展开一分的争夺(如图7.13)。若在对打中出现浅球,儿童E和F协调配合上网争取一分制胜。

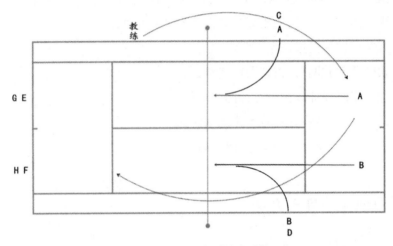

图7.13 防守型挑高球练习

训练内容:双打中的持续向前进攻练习。

训练目标:练习所有击球在底线前完成,并将球击打到对方的弱侧。

练习方法:两组双打选手分别位于两侧底线做准备。儿童A送一颗到对面中后场的浅球(如图7.14)。不管什么原因,儿童C和D不允许退到底线后击球。一分的争夺开始后,如果出现浅球,儿童C和D协调配合上网,用截击的方式结束这一分。

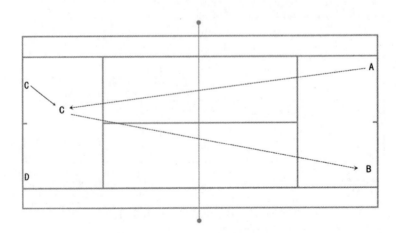

图7.14 双打中的持续向前进攻练习

训练内容：接发球双上网网前对抗练习。

训练目标：练习在接发球上网后的网前对抗能力，加强同伴之间的协调配合能力。

练习方法：儿童 A 和儿童 B 轮流发球，发球后快速移动上网。儿童 D 接发球后，与同伴儿童 C 同时上网，与发球儿童 A 进行二对一截击对抗练习（如图 7.15）。练习一定次数后，互换位置，继续练习。

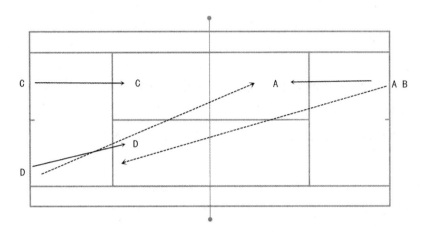

图 7.15 接发球双上网网前对抗练习

参考文献

[1] American Sport Education Program. *Coaching Youth Tennis*[M]. Illinois: Human Kinetics, 2008.

[2] Gre Payne，耿培新，梁国立. 人类动作发展概论[M]. 北京：人民教育出版社，2008.

[3] Jay Dawes, Mark Roozen. *Developing Agility and Quickness* [M]. Illinois: Human Kinetics, 2012.

[4] Peter J. L. Thompson. 教练理论入门[M]. 张英波，孙南，译. 北京：北京体育大学出版社，2011.

[5] Richard A. Magill. 运动技能学习与控制[M]. 张忠秋，译. 北京：中国轻工业出版社，2003.

[6] 国家体育总局青少年体育司，国家体育总局网球运动管理中心. 中国青少年网球训练教学大纲[M]. 北京：北京体育大学出版社，2012.

[7] 全国体育院校教材委员会审定. 运动生理学[M]. 北京：人民体育出版社，2002.

[8] 田麦久. 运动训练学[M]. 北京：人民体育出版社，2000.

[9] 田头健一. 图说青少年网球[M]. 赵京慧，译. 北京：北京体育大学出版社，2008.

[10] 王道俊，郭文安. 教育学[M]. 北京：人民教育出版社，2014.